**Das beste Spiel aller Zeiten**

Ein Minutenprotokoll aus
100 Jahren Fußballgeschichte

# DAS BESTE SPIEL ALLER ZEITEN

Markus Büsges
Oliver Gehrs
Fons Hickmann

Ein DUMMY-Buch

KEIN & ABER

**LOS** *Mein Gott, ist das ein Fußballspiel hier. Das ist ja entsetzlich, das ist ja widerlich.* Mit diesen Worten kommentierte der Radioreporter Kurt Brumme das legendäre Halbfinale bei der Fußballweltmeisterschaft 1970 in Mexiko zwischen Deutschland und Italien, das die Italiener in der Verlängerung mit 4:3 gewannen (→ 8.). Für das Spiel wurde am Aztekenstadion in Mexiko-Stadt sogar eine Gedenktafel angebracht. Aber war dieses sogenannte Jahrhundertspiel auch das beste Spiel aller Zeiten? Und woran will man das überhaupt messen? An der Spannung, dem Spielverlauf, der Qualität der Darbietung? Schwer zu sagen. Denn mancher mag sogar mit einem stur ermauerten 0:0 glücklich werden, anderen gilt eine Vielzahl von Toren als allein selig machendes Kriterium. Oder wie wäre es mit einem veritablen Wunder wie dem Sieg des FC Liverpool gegen den AC Mailand im Champions-League-Finale von 2005, als die Engländer nach einem 0:3-Rückstand noch im Elfmeterschießen gewannen (→ 54.)

Nein, das beste Spiel aller Zeiten kann doch eigentlich nur ein Gesamtkunstwerk aus den Minuten vieler Partien sein. Diesem Konzept folgt dieses Buch: Tausende von Fußballspielen wurden nach unvergessenen Minuten durchforstet und anschließend zu einem Gesamtspiel verknüpft: Ein Spiel voll unglaublicher Tore, voll ungeahnter Wendungen, voller Virtuosität und Irrwitz: Betrunkene

Schiedsrichter tauchen auf, Kunstschützen, enthemmte Verteidiger, weinende Fans und geniale Trainer. Eben das ganze Personal von Dramen und Komödien, das den Fußball so unterhaltsam und einmalig macht. Das Spiel findet in der Gegenwart statt, in der Vergangenheit und teilweise auch in der Zukunft. Und dazu läuft ein Film voller Bilder, manche davon ungesehen, andere schon tief im kollektiven Fanbewusstsein verankert. Sodass die Antwort, was das beste Spiel aller Zeiten ist, doch wieder ganz leicht scheint: Fußball.

## HYMNE

Ewig sei der Lorbeer, den wir zu erlangen wussten // Danach lasst uns alle streben, brüderlich mit Herz und Hand //
Denn wir sind jung und frei, goldner Boden und Überfluss sind unsere Mühe, unsre Heimstatt umschließt das Meer // Du bist schön und stark, unerschrockener Koloss, in deiner Zukunft spiegelt sich diese Größe // Im zähen Kampfe schwerer Arbeit, welcher das männliche Antlitz rot färbt, erlangten deine Söhne, einfache Bauern, ewigen Ruhm, Wertschätzung und Ehre // Und deine Stirn, deine strahlende Stirn sehen wir mehr als die Sonne leuchten //

Dann sei unser Bestreben, ein Beispiel zu geben für die Hoffnung, die der Menschheit versprochen wurde, indem wir, im neuen Glauben vereint, das Vaterland der wahren Brüderlichkeit schmie-

den // In Solidarität mit den unterdrückten Völkern. Stolz kämpfen wir für den Frieden mit den Kräften des Fortschritts // Weder Unterdrücker noch Sklaven bestehen, wo Einheit und Gleichheit regieren. Einheit und Gleichheit // Herr, unser Gott, steh ihr bei, Zerstreue ihre Feinde und lass sie untergehen // Auf, Kinder des Vaterlands! Der Tag des Ruhms ist da. Gegen uns wurde der Tyrannei blutiges Banner erhoben //

Solange wir leben. Was uns fremde Übermacht nahm, werden wir uns mit dem Säbel zurückholen // Füll unsere Herzen mit wahrer Demut, lass uns preisen die mutige Ehrlichkeit und hilf uns, dem Unterdrücker zu widerstehen, mit all unserem Willen und unserer Macht // Aufwärts aus dem Horizont steigt die östliche Sonne, der Anblick der einzig wahren Religion // Bis der Stein zum Felsen wird und Moos seine Seiten bedeckt // Es sammle uns eine einzige Flagge, eine Hoffnung: auf dass wir zusammenschmelzen, die Stunde hat geschlagen // Solange die Bora seine Eichen umweht, solange in ihm ein lebendiges Herz schlägt // Ich grüße dich, lieblichstes Land der Erde, deine Sonne, deinen Himmel, deine grünen Wiesen // Trittst im Morgenrot daher, seh' ich dich im Strahlenmeer, Hocherhabener, Herrlicher //

Die Strahlen der kraftvollen Morgenröte sind wie die Küsse der Mutter, die uns schützen gegen das Unrecht des Glücks // Auch

wenn jetzt über uns der Sturm alles erschüttert, Steine brechen, Bäume zerspringen, die Erde bebt // Wie die wetterfeste Kiefer auf dem Namsan-Berg, wie die unveränderliche Stimme des Windes so sei unser Wesen // Im Garten strahlt das irdische Paradies fürs Auge //

Mein Schild und mein Vertrauen seid Ihr, oh Gott, mein Herr, auf Euch will ich bauen, verlasst mich nimmermehr // Es bekränzt, oh Vaterland, deine Stirn mit den Olivenzweigen des Friedens der göttliche Erzengel //

Wohlan, schon schreit das Blut in den Adern, lasst uns sterben, damit das Vaterland lebe // Zu Ruhm und Überlegenheit eilen, den Schöpfer der Lüfte preisen und die grüne flatternde Fahne hissen // Purpur und Gold: unsterbliche Flagge; in deinen Farben vereinen sich Fleisch und Seele // Sag nur, kannst du im frühen Morgenlicht sehen, was wir im letzten Schimmern der Dämmerung so stolz bejubelten? //

Heil dir, Land der Vorväter, die das Land stark, friedlich und glücklich machten // Geformt von der Liebe zur Freiheit, in den Feuern von Hoffnung und Gebet, mit grenzenlosem Glauben in unser Schicksal, erklären wir feierlich: // Verschwinden werden unsere Feinde wie Tau in der Sonne, und auch wir, Brüder, werden Herren im eigenen Land sein!

[Die Verse sind Nationalhymnen von WM-Teilnehmern in den Jahren 2006–2014 entnommen.]

**0 Minute: 28.04.1923, London, Finale FA-Cup, West Ham United – Bolton Wanderers:** Es war das erste Mal, dass das Finale um den traditionellen englischen FA-Cup im gerade eröffneten Empire Stadion ausgetragen wurde, das heute jeder nach dem Namen des Vororts kennt, in dem es liegt: Wembley. Die Stadt zum Vorort ist London, London hatte auch damals schon mehr als sieben Millionen Einwohner, es spielte Lokalmatador West Ham United gegen die Bolton Wanderers, und doch hatte keiner der FA-Verantwortlichen sich offenbar genauere Gedanken gemacht, welche Menschenmassen möglicherweise zu beherbergen waren. Das Stadion war zu dieser Zeit noch im Bau, 127.000 Zuschauer sollten dereinst hineinpassen, nur ein Viertel der Tickets ging im Vorverkauf weg, weshalb die Veranstalter im Vorfeld der Partie massiv Werbung machten. Dass sie so wirken würde, damit hatten sie nicht gerechnet: 90.000 Karten wurden an der Tageskasse verkauft, die restlichen rund 80.000 Interessenten überrannten einfach die Eingänge. Macht zusammen geschätzte 200.000 Menschen, die um Punkt 15 Uhr das komplette Stadion samt Rasenplatz füllten.

Auftritt Police Constable George A. Scorey. Nie war die Autorität des berittenen Schutzmannes sichtbarer, überragender, ehrwürdiger als an diesem Samstag im April. Mit seinem überdimensionalen Hengst »Billie« bahnt sich der Gendarm nicht nur seinen

Weg durch die Massen, sondern drängt diese kraft seiner überzeugenden Autorität auf die Außenlinien des Fußballfeldes zurück. Die Fotos seiner Tat waren eindrücklich, weshalb jeder britische Fußballkenner das Spiel heute als »White Horse Final« kennt. Dabei war »Billie« gar nicht weiß, sondern grau, aber das fiel angesichts der überlieferten Schwarz-Weiß-Bilder niemandem weiter auf. Das Spiel jedenfalls konnte mit nur 44-minütiger Verspätung angepfiffen werden, die Fans kauerten auf den Außenlinien wie lebende Wände, König George V. in der Loge wars zufrieden, wenn auch die auswärtigen Wanderers 2:0 gewannen. Egal. Nie wieder war Wembley, die »Kirche des Fußballs« (Pelé), so voll. 2003 wurde es abgerissen.

**1 Minute: 29.04.1978, Mönchengladbach – Dortmund:** Am letzten Spieltag erzielt Jupp Heynckes das nach 27 Sekunden erste von zwölf Toren gegen Borussia Dortmund, der höchste Sieg der Bundesligageschichte. Tags darauf wird BVB-Coach Otto Rehhagel entlassen. Dummerweise gewinnt auch der 1. FC Köln seine Partie und siegt 5:0, am Ende wird der FC Meister mit gleicher Punktzahl und drei Toren Vorsprung vor Mönchengladbach. Ein Jahr später aber gewann die Borussia einen ungleich größeren Pott: den UEFA-Cup, den die Profis schon im Bauch des Düsseldorfer Rheinstadions mit Schampus füllten. Sie hatten Roter Stern Belgrad bezwungen. Und

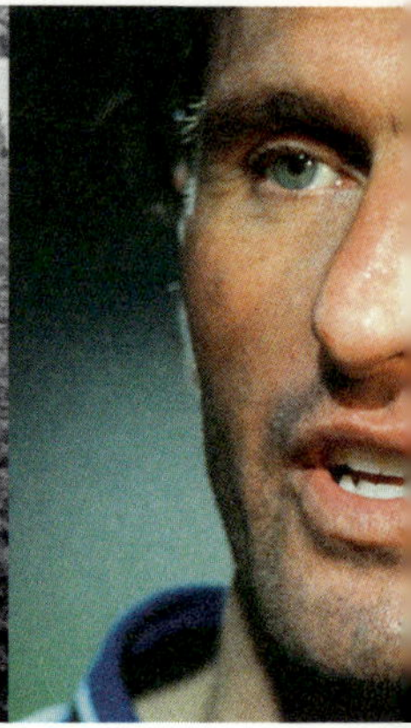

Kapitän Berti Vogts dachte im schönsten Augenblick einer strapaziösen Spielzeit an den Untergang. Es werde, prophezeite er düster, für viele Jahre der letzte Titel sein, den es zu feiern gebe. Er sollte Recht behalten.

**2 Minute: 31.07.1929, Hamburg:** Der HSV besiegt Peñarol Montevideo, fast identisch mit dem uruguayischen Olympiasiegerteam von 1924 und 1928, mit 4:2. Otto Harder schießt alle vier Treffer. Für ähnlich sportliches Aufsehen sorgt Harder, den sie »Tull« nennen, 1923, als er seinen zweiten Meistertitel mit dem HSV erringt und im Spiel gegen Wandsbek zwölf Tore erzielt – Weltrekord. Für das größte Aufsehen sorgt Harder (15 Länderspiele) aber abseits des Platzes, wo er zum Uwe Seeler der Nazis avanciert. Seit 1932 NSDAP-, seit 1933 SS-Mitglied, 1939 Wachmann im KZ Sachsenhausen, seit 1939 in der Lagerverwaltung des KZ Neuengamme, ab August 1944 SS-Hauptscharführer im KZ Ahlem bei Hannover. Ein britisches Militärgericht verurteilt ihn 1947 zu 15 Jahren Zuchthaus. 1955 kommt Harder vorzeitig frei, im Folgejahr stirbt er. Als der Hamburger Senat anlässlich der WM 1974 eine Broschüre herausgibt, in der Harder nicht nur vor-, sondern gut wegkommt, muss der Senat die gesamte 100.000er-Auflage einziehen und vernichten.

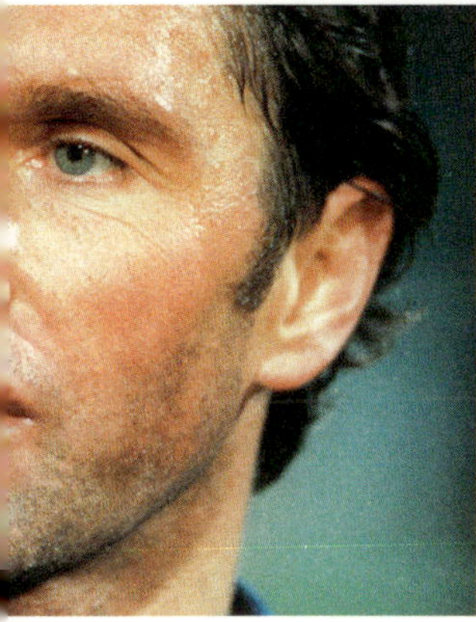

3 **Minute: 20.02.2000, Wolfsburg – Bielefeld:** Bruno Labbadia tritt an, schießt und – trifft natürlich nicht. Drei Elfmeter schoss er für Arminia Bielefeld in der Saison 99/00, alle drei versemmelte er, Bielefeld stieg ab. Mit vier von fünf verschossenen Elfern ist der spätere Trainer Labbadia (u. a. VfB Stuttgart) der Bundesligaspieler mit der schlechtesten Quote aller Zeiten. Die meisten Elfer, nämlich 12, verschoss ausgerechnet Gerd Müller. Der tragischste Versager war sicherlich Uli Hoeneß 1976. Im Elfmeterschießen des EM-Finales gegen die Tschechoslowakei jagte er den entscheidenden Strafstoß in den Himmel über Belgrad. *Einsam spazierte ich auf den weißen Punkt, rings um mich die Sahara*, schrieb Hoeneß später. *Ich schaute dem Ball nach, sah ihn immer höher steigen. Wie eine Weltraumrakete von Cape Kennedy sauste er in Richtung Wolken.* Udai Hussein, der Sohn des früheren irakischen Diktators, ließ Elfmeterversager foltern. Noch im Fußballstadion wurde ihnen der Kopf geschoren, worauf Auspeitschungen folgten und Elektroschocks.

4 **Minute: 30.06.2001, Kopenhagen, Grönland – Tibet:** Stürmer Lobsang Norbu, genannt »Lobo«, schießt das einzige Länderspieltor in der Geschichte seines Landes. 1:0 bringt er Tibet gegen Grönland in Führung, doch Grönland kontert und siegt 4:1 in ei-

nem Spiel, das es eigentlich gar nicht geben darf – weil es zumindest aus chinesicher Sicht ein freies Tibet nicht geben darf. Wochenlang hatte China Dänemark unter Druck gesetzt, das Freundschaftsspiel abzusagen, Peking bezieht dänische Krabben im großen Stil. Die Vorbereitung: ein Chaos, festgehalten im Dokumentarfilm »The Forbidden Team«. Wie die eine Teamhälfte in Nepal, die andere in Indien trainiert. Wie das halbe Team zu Hause bleiben muss, ohne Visum. Und wie schließlich Tibets dänischer Trainer Jens Espensen seinem grönländischen Kollegen Sepp Piontek einen weißen Schal um den Hals schwingt, das tibetische Peace-Zeichen. Nie war die Weisheit, im Fußball gehe es um mehr als nur um ein Spiel, so wahr – nicht bei Iraks WM-Teilnahme 1986 oder Palästinas 8:0-Sieg über Taiwan 2004. Vor dem Spiel spricht Tibets Teammanager Karma diesen Satz ins Mikro: *Fußball? Das ist für uns ein Symbol für Freiheit.*

**5 Minute: 30.03.2013, Bayern – Hamburg:** Früher war mehr Lametta. Und es gab mehr Spiele, die ein wenig unseriöse Ergebnisse hatten wie 11:1 oder 7:4. Ergebnisse, bei denen man sich fragte, wie viele der Kicker es am Vorabend hatten krachen lassen. Oder ob das Phänomen der Schieberei nicht doch unterschätzt werde, mal abgesehen vom Bundesligaskandal 1971. Im 21. Jahrhun-

dert jedenfalls gibt es keine Ligaspiele mehr mit zehn oder mehr Toren, nur manchmal, und dann ist Leverkusen beteiligt.

Dass nun also in diesem Spiel Xherdan Shaqiris frühes Tor nicht das letzte der Bayern sein würde, darauf konnte man risikolos wetten, ohne sich die Hände schmutzig zu machen (→ 7.). Dass es gleich 9:2 ausgehen würde, war allerdings überraschend. Andererseits pflegten die Hamburger seit geraumer Zeit ein Abwehrverhalten, das auf chronische Überforderung hindeutete. Als seien sie zu erschöpft, die Bürde des einzigen noch nie abgestiegenen Bundesligagründungsmitglieds, des sogenannten Dinos, noch länger zu tragen. Die 50. Erstligasaison überstanden sie dann aber doch.

**6 Minute: 04.12.1956, Melbourne, WM-Viertelfinale, Australien – Indien:** Mancher fragt sich, warum Indien, das zweitmenschenreichste Land der Erde, im Fußball nie viel reißen konnte – und das auch noch als ehemalige Kronkolonie! Nun, auch Indiens Fußball hatte seine Momente. Der Erste kam 1911 in Kalkutta, wo das Team von Mohun Bagan das East Yorkshire Regiment besiegte. War damals ein stärkerer Beweis denkbar, dass der britische Kolonialismus überwindbar ist? Der zweite Moment kam 1948 bei Olympia, wo die Inder gegen Frankreich ein achtbares 1:2 erzielten – und zwar ohne Schuhe. Alle Inder spielten barfuß. Das war noch

so, als Indien bei Olympia 1952 den Jugoslawen mit 10:1 unterlag – manche sahen da Zusammenhänge. Bei Olympia 1956 in Melbourne spielte Indien bereits teilweise mit Schuhen – und erzielte prompt den größten Erfolg seiner Fußballgeschichte. Durch drei Tore von Neville D'Souza und eins von Krishna Kittu schlug man die australische Heimmannschaft im Viertelfinale mit 4:2 und erreichte am Ende Platz vier – es war die erste Halbfinalteilnahme für ein asiatisches Team. Kurz darauf verordnete die Fifa den allgemeinen Schuhzwang. Indien kam nie wieder so weit.

**7 Minute: 20.12.2013, Marrakesch, Klub-WM-Finale, Raja Casablanca – FC Bayern München:** In der Vorsaison hatte der FC Bayern unter Trainer Jupp Heynckes das Triple gewonnen. Was sollte da eigentlich der neue Trainer Pep Guardiola noch bringen? Eine ganze Menge: Guardiola stellte den FC Bayern um und schrieb die Erfolgsgeschichte einfach weiter – mit dem Titel bei der Klub-WM in Marokko. Im Finale gegen den krassen Außenseiter ließ Verteidiger Dante mit seinem Treffer schon in der 7. Minute keinen Zweifel daran, wer sich die Krone als beste Fußballmannschaft der Welt aufsetzen würde. Vor 38.000 Zuschauern schoss schließlich Thiago das 2:0, danach verlegten sich die Bayern aufs Kräftesparen. Das war fast auf den Tag genau 37 Jahre nach ihrem ersten Sieg

im Weltpokal, der auch Europa-Südamerika-Pokal hieß. Damals gab es noch Hin- und Rückspiel zwischen dem Sieger des Europapokals der Landesmeister und dem Sieger der Copa Libertadores, Cruzeiro Belo Horizonte aus Brasilien. Nach dem 2:0 in München (Tore: Müller und Kapellmann) reichte den Bayern 1976 ein 0:0 in Mineirão.

**8 Minute: 17.06.1970, Mexiko-Stadt, WM-Halbfinale, Italien – Deutschland:** Im vielerorts als »Bestes Spiel aller Zeiten« titulierten Match Italien – Deutschland schießt Roberto Boninsegna das 1:0. Der Rest ist Drama: Der peruanische Schiedsrichter Yamasaki benachteiligt konsequent die Deutschen, die unermüdlich anrennen und durch Schnellingers Ausgleich kurz vor Schluss belohnt werden. Beckenbauer spielt mit Arm in der Schlinge. Und dann: fünf Tore in der Verlängerung. Am Ende siegen die Italiener 4:3. Selbiger Boninsegna fiel ein Jahr später, im UEFA-Cup-Spiel Mönchengladbach-Inter Mailand, von einer Cola-Dose gefällt zu Boden, das 7:1 der Borussia, die größte Schmach eines italienischen Klubs ever, wurde daraufhin von der UEFA annulliert. Das Wiederholungsspiel endete 0:0, in Mailand gewann Inter 4:2 und kam weiter. Seither gibt es bei Fußballspielen keine größere Freude unter der Sonne, als die Italiener verlieren zu sehen (→ Elfmeterschießen). Den politisch korrekten Überbau fegte die Partie einfach hinweg und legte

grausigen Hass frei, wie beim damaligen Gudrun-Ensslin-Gatten Bernward Vesper, der zwischen zwei Trips seine Gefühle notierte (und sich ein Jahr später in der Psychiatrie das Leben nahm): *Ja, diese verdammten Spaghettifresser, die verzögern, die den Vorsprung halten wollen, die foulen, die sich mit flehender Gebärde an den Schiedsrichter wenden, die sich auf den Rasen schmeißen, als wären sie tödlich getroffen: Diese Schweine, Dreckskerle und nie wieder gehe ich in eine Pizzeria! Diese Makkaronis, ja, verdammte Scheiße, ich lege sie um, ich küsse die Mattscheibe nach dem deutschen Tor ...*

Das Match firmiert bei Wikipedia unter »Jahrhundertspiel«, und am Aztekenstadion hängt eine schöne Gedenktafel.

**9 Minute: 30.09.1967, Mönchengladbach – Hannover:** Es war eines der Spiele, die Zuspätkommen besonders hart bestrafen. Nach gerade mal neun Minuten stand es schon 3:0, und zwar durch den bis heute frühesten und für ein Vierteljahrhundert auch schnellsten Hattrick der Ligageschichte. Sechs Minuten benötigte Gladbachs Stürmer Herbert Laumen, um auch noch dieses Kunststück vorzuführen: ein Tor mit rechts, eines mit links, eines mit dem Kopf. Viel mehr ging wirklich nicht, um einen Hattrick zum lupenreinen Ereignis sondergleichen zu machen. Und doch ist Laumen für

seine Beteiligung an einer anderen Kuriosität fast noch berühmter geworden, nämlich dem Pfostenbruch vom Bökelberg im April 1971: Nach einem Angriff, bei dem Laumen ins Tor gerutscht war, geriet das Gebälk in Schieflage, sackte zusammen, und das Netz wickelte sich um Laumen, als sei er ein Fisch. Es brauchte einige Zeit und Hilfe von außen, den Stürmer aus seiner Verhedderung zu befreien. Weil kein Ersatztor aufzutreiben war, wurde das Spiel abgebrochen und für die Gastmannschaft aus Bremen gewertet.

Den Rekord des schnellsten Hattricks verbesserte im Übrigen der Duisburger Michael Tönnies im August 1991 mit drei Treffern binnen fünf Minuten.

**10 Minute: 22.06.1980, Rom, EM-Finale, Deutschland – Belgien:** Hotte Hrubesch köpft im EM-Finale das erste seiner zwei Siegtore beim 2:1 gegen Belgien und prägt danach den Satz *Manni Bananenflanke, ich Kopf – Tor.* Die dpa meldet hierzu: Kopfbälle und Zusammenstöße gefährden Gedächtnis und Denkvermögen von Profifußballern. Dies ist die Bilanz einer Studie des niederländischen Neuropsychologen Erik Matser. In 90-minütigen Tests wurden Gedächtnisleistung, Planungsfähigkeit und räumliches Vorstellungsvermögen von 53 Profifußballern ermittelt. Im Vergleich zu Profischwimmern und

Leichtathleten schnitten die Fußballer durchweg schlechter ab. *Bemerkenswert schwach waren deren Leistungen beim Ergänzen unvollständiger Bilder und beim Nachzeichnen komplexer Figuren*, berichtete Matser. Als Ursache vermutet der Forscher Hirnverletzungen: In durchschnittlich fünf Jahren Profispielzeit erlitt mehr als die Hälfte der Kicker eine Gehirnerschütterung.

**11 Minute: 09.10.1976, Bayern – Schalke**: Klaus Fischer trifft zum 0:1. Es folgt ein Fischer-Triple in Hälfte zwei und mit 0:7 Bayerns höchste Niederlage der Vereinsgeschichte – obwohl man im selben Jahr den Landesmeister-Pokal holt. Beim Debakel ist Uli Hoeneß dabei, der 1970 bis 1978 insgesamt 238 Spiele für Bayern bestreitet und 1979 dort Manager wird. An 17 von 19 Meistertiteln ist Hoeneß beteiligt und trägt maßgeblich dazu bei, das bayerische »Erfolgsprinzip Quatschküche« zu etablieren:

Nehmen wir ein x-beliebiges Spiel, eines, das man so oder ganz anders sehen kann. Beispielsweise das Bayern-Derby vom Februar 2006 in der damals neuen Arena in Fröttmaning. Der FC Bayern siegte 2:1 gegen Nürnberg, und tief unten, im Bauch des rot strahlenden Luftkissens, treten zwei Hauptdarsteller vor die Medien und deuten das Erlebte. Nach diesem x-beliebigen Spiel war Bayern-Coach Felix Magath in Schönwetterlaune und sprach milde:

*Unsere Tabellensituation ist recht komfortabel, da ist man natürlich geneigt, in so einem Spiel nicht mehr als nötig zu machen. So lange wir so viel machen, dass wir die Spiele gewinnen, ist das in Ordnung.* Rechts am Zaun schimpfte Uli Hoeneß: *Wir lassen Jo-Jo mit uns spielen! Und das im eigenen Stadion.* Und weiter: *Dann machen die eben Pfitschigogerl, eins, zwei, drei* (Pfitschigogerl = Tischfußball mit Knöpfen und Münzen).

Tags darauf waren in der Münchner Boulevard-Trilogie »Bild«-»Abendzeitung«-»tz« deckungsgleiche Botschaften zu lesen: *Trotz Bayern-Sieg – Hoeneß grollt!* oder pfiffiger: *2:1 im Derby – Magath lobt, nur Hoeneß tobt!*

So einfach funktioniert der FC Bayern. Er schafft sich seine Widersprüche selbst. Der rhetorische Kettenlauf funktioniert in jede Richtung, und nicht nur Hoeneß und Magath nehmen teil. Sagt Hoeneß etwa *Super Spiel*, folgert Magath: *Nun ja*. Meint der schöne Ballack-Michi *Ich bin mit mir zufrieden*, fordert Olli Kahn sofort Verstärkung: *Eier, wir brauchen Eier!* Kalle Rummenigge (*Das war nicht ganz unrisikovoll*) ordnet sachlich ein, ehe Kaiser Franz mit der finalen Verkündung lauert: *Das war kein Derby. Das war ein Lokalderby Obergiesing gegen Untergiesing.*

Im Chor aller Bayern redet jeder gerade so, wie es ihm passt. Denn aus dem Schwall der nicht synchronisierten Botschaften

baut sich über eine Saison jene Energie und daraus jene Erfolgswelle auf, die die Münchner von Titel zu Titel transportiert. International allerdings klappt die Attacke nicht ganz so perfekt. Warum, stellte Globetrotter Beckenbauer schon vor einiger Zeit fest: *Die Schweden sind keine Holländer – das hat man ganz genau gesehen.*

Die Schalker aber sind die Schalker, und die Hamburger Hamburger, und manche versuchen nun, das Bayern-Prinzip zu kopieren. Dann nehmen sie sich ein Beispiel an Uli Hoeneß, dem Erfinder des Antizyklus, der lobt, wenn zu tadeln ist. Und dann zählen auch der Schalke-Assauer oder der HSV-Doll (→ 62.) auf, was alles nicht gepasst hat an ihrem 11:0 beim VfL Wolfsburg. Aber das ist nur die eine, kopierbare Hälfte des Prinzips vom großen Schwallen. Die andere Hälfte ist das Original, denn wenn Hoeneß mal Sendepause hat oder Magath zu milde ist, kommt Beckenbauer und verrät aus dem Nichts die Rezeptur: *»München ist eine einzige Quatschküche, das war schon früher so. Aber in der nächsten Saison muss die Quatscherei aufhören.«*

Aber vorher wird abgeräumt. Und wenn alle glauben, sie hätten was kapiert, gibt Hoeneß ein Interview zur Lage der Nation. Seinem erklärten Liebling Joschka Fischer musste er Servus sagen, dann gefiel ihm SPD-Müntefering. Gewählt hat Hoeneß ein Leben lang die CSU. Mal ein bisschen grün und rot, in der Mitte schwarz – das ist

nicht zu kopieren. Nur die leidige Steueraffäre hat die Stimmung beim Pfitschigogerl-Spiel in der Quatschküche von Obergiesing nachhaltig gestört. Schlimm? Eher nicht.

**12 Minute: 11.04.2001, WM-Qualifikationsspiel, Australien – Amerikanisch-Samoa:** An sich ist Archie Thompson kein grandioser Fußballer. Weil aber die Gegner noch viel weniger grandios sind, gibt der Australier im April 2001 dem Wort Torfabrik Sinn: Thompson schießt in Minute zwölf den ersten seiner insgesamt 13 Treffer in einem Länderspiel. Das hat außer ihm kein Nationalspieler geschafft, genauso wenig wie das Endresultat: Australien – Amerikanisch-Samoa 31:0. Die alte Tormarke des Dänen Sophus Nielsen hatte 93 Jahre lang gehalten – bei Olympia 1908 in London hatte der Däne gegen Frankreich zehn Mal getroffen. Dabei hatten die Australier gegen die Insulaner sogar auf den Einsatz ihrer Stars Harry Kewell, Mark Viduka (beide Leeds United) sowie John Aloisi von Coventry City verzichtet. Amerikanisch-Samoa ist übrigens nicht zu verwechseln mit Samoa, der ehemaligen deutschen Kolonie. Derweil dieser Teil der Inselgruppe seit 1962 unabhängig ist, steht der Ostteil, eben Amerikanisch-Samoa, bis heute unter US-Kontrolle, desgleichen offenbar die »Soccer«-Kenntnisse der rund 55.000 Einwohner.

**13** **Minute: 10.01.1999, Sonntag 20:15, ARD-»Tatort« mit Manfred Krug:** Wir schreiben die 13. Minute, als ein Mann auftritt, der ein Kaninchen in der Hand hält, aussieht wie Berti Vogts, auch so spricht und es auch ist. Berti spielt einen Gärtner, als erstes sagt er: *Gib dem Kaninchen eine Möhre extra. Es hat uns das Leben gerettet.* Später kommt noch ein weiterer hinzu: *Ich musste, nachdem ich Profi war, weiter als Trainer arbeiten, und das war verdammt hart.* Nach dem »Tatort« wurde es noch viel härter für Vogts. Die Kritiken waren so vernichtend, dass Vogts nach Schottland floh, um dort Trainer der Nationalmannschaft zu werden. Dort setzte er so viele verschiedene Spieler wie niemand vor ihm ein und scheiterte dennoch gewaltig. Und dann ging in Schottland auch noch seine Ehe zu Bruch, woraufhin er die britischen und deutschen Klatschblätter am Hacken hatte. Für so viel Pech gibt es eine Möhre extra.

**14** **Minute: 24.07.1991, Freiburg – 1860 München:** Der erste Arbeitstag beginnt für Volker Finke gleich gut. Michael Pfahler schießt in der Zweitligapartie gegen 1860 die Führung, der SC gewinnt 2:1, steigt in der Folgesaison auf, und das Dreisamstadion läuft dem Millerntor den Rang als Lieblingsstätte aufgeklärter Fußballinteressierter ab. Unvergessen die Saison 1994/95, als der

SC in letzter Sekunde die Klasse hält, um in der Saison 1995/96 sensationell Dritter zu werden. Zu verdanken ist das vor allem ihm, Ex-Oberstudienrat und Trainer-Unikum Finke, zu dessen »Freistellung« SC-Präsident Achim Stocker später, als es nicht mehr so gut läuft, partout nichts bewegen kann. Drei Abstiege nicht, nicht Gerüchte um Affären mit Spielerfrauen, nicht einmal das 0:7 im Pokalheimspiel gegen die Bayern 2005. Warum? Weil Finke den Kurzpassfußball ohne Stars lange vor Jürgen Klopp erfunden hat. 2007 war es dann aber nach dem knapp verpassten Aufstieg doch so weit. Finke wurde vom ungleich weniger sympathischen Robin Dutt abgelöst. Seine Rekorde aber kann ihm niemand nehmen: 16 Jahre am Stück Trainer bei ein- und demselben Verein, mit dem er drei Mal ab- und aufgestiegen ist. Nach Irrlichtereien in Japan und Köln (als Manager) landete Finke schließlich bei der Nationalmannschaft von Kamerun, mit der er die Qualifikation für die WM 2014 in Brasilien schaffte.

**15** **Minute: 21.05.1983, Mannheim – Osnabrück:** Fritz Walter schießt das 1:0, das Waldhofs Aufstieg besiegelt – der größte Erfolg des deutschesten Trainers: Klaus Schlappner, Entdecker von Jürgen Kohler und Maurizio Gaudino, Warner wider *Waschlappen* und *Profitis*. Ohne ihn ging es bei Waldhof bergab.

Und am schönsten war es eben, als Fritz Walter im Südweststadion das Runde in das Eckige beförderte, womit bereits drei Spieltage vor Saisonende feststand, dass Waldhof Mannheim den Sprung in die erste Liga geschafft hatte. Garant des Aufstiegs: Klaus Schlappner, allgemein Schlappi genannt, gelernter Elektromeister aus Lampertheim mit Lizenz zum Trainieren. Deutscher als Klaus Schlappner geht nicht. Schlappner kickt in einer Liga mit Jägerzaun, Gartenzwerg und röhrendem Hirsch, er bedient alle Klischees. Er ist Feldwebel der Reserve und passionierter Jägersmann. Er trägt Schnauzbart und einen Pepita-Schlapphut. Er liebt Tugenden wie Fleiß, Pünktlichkeit, Disziplin. Er redet in breitestem kurpfälzischem Dialekt. An Schlappner scheiden sich die Geister. Die »Sport-Illustrierte« sieht in ihm *eine humorvolle Kreuzung aus Sancho Panza, pfälzischem Schwejk und Fernseh-Pausen-Seehund des NDR*. Paul Breitner sieht in ihm einen *Hampelmann*. Und selbst Franz Beckenbauer, der gewiss nicht den tiefen Teller erfunden hat, hält ihn für *gedanklich überfordert*. So einen wie Schlappi findet man entweder knuffig oder zum Kotzen. Momentan findet man ihn schwer.

Nach seiner Karriere in Deutschland – Trainer bei Darmstadt 98, Waldhof, Saarbrücken und Carl Zeiss Jena – macht Schlappi die abenteuerlichsten Jobs. Trainiert 1992 bis 1995 Chinas Nationalteam. Gibt danach erneut ein kurzes Gastspiel in Mannheim, um

anschließend in die Mongolei zu entfleuchen, wo er sich um den Trainer-Nachwuchs kümmert. Manchmal kehrt er kurz in die Heimat zurück: Für die Fußball-WM 2006 rekrutiert Schlappi Jugendliche aus allen möglichen Ländern, die im Großraum Mannheim auf dem Rasen multikulturelle Fröhlichkeit demonstrieren sollen. So viel Weltläufigkeit widerspricht völlig dem dumpfdeutschen Bild, das bei vielen Schlappi-Hassern überm Sofa hängt.

An dem Schlappner aber nicht ganz unschuldig ist. 1965 lässt er sich für die NPD als Kandidat für die Kommunalwahlen in seinem Geburtsort Lampertheim aufstellen. *Die Zeit meines Ärgernisses* nennt Schlappner das später und meint damit, dass er sich über viele Dinge in der Politik geärgert habe. Die klassische Entschuldigung des sogenannten Protestwählers. Aber einer wie Schlappner wird eben nicht Protestwähler, der wird gleich Protestpolitiker. Auch wenn er sich später von seinen fragwürdigen politischen Ambitionen distanziert: Aus der braunen Ecke kommt er nie wieder richtig raus. Das Image klebt an ihm wie sein Pepita-Hut. Üble Gerüchte kursieren. Als Schlappner 1996 als Trainer nach Mannheim zurückgeht, sucht der dunkelhäutige Spieler Jonathan Akpoborie schleunigst das Weite. Schlappner habe ihn in der gemeinsamen Zeit in Saarbrücken hochprofessionell gedemütigt, sagt Akpoborie, er sei gar gezwungen worden, einen Schneemann zu

bauen. *Absoluter Blödsinn*, sagt Schlappner. Akpoborie habe nur einen Grund gesucht, in die erste Liga zu flüchten – was ihm bei Hansa Rostock gelungen ist. Unvermeidlich auch das Schlappner-Zitat *Der Schwarze ist undiszipliniert, verträgt den Winter nicht und hat Malaria*, das Anthony Yeboah gehört haben will. *So einen geistlosen Quatsch habe ich nie gesagt*, beteuert Schlappner. Aber er wird das Etikett einfach nicht mehr los. Dafür ist er viel zu deutsch.

*Ich bin ein Patriot. Jeder, der sein Land liebt, ist damals in die rechte Ecke gestellt worden. Heute geht das ja wieder.* Das sind typische Schlappner-Sätze. Er sagt gern *der Chinese*, wenn er die Chinesen meint. *Der Chinese will Qualität!* Deswegen hat er auch versucht, den chinesischen Markt mit Dosenbier zu fluten. Ausgerechnet Dosenbier! Schlappner-Export hieß das Gebräu, die Dose trug das Konterfei des Trainers, die Sache ging schief. Der deutsche Zulieferer habe mangelhafte Dosen geliefert. Das kann man mit dem Chinesen nicht machen. Der Chinese will Qualität! Auch beim Nationaltrainer. *Der Chinese wollte den Deutschen mit Ecken und Kanten*. Den hat er gekriegt.

Einen Ausklang seiner Karriere in Deutschland konnte er sich einst gut vorstellen. *Der Verein muss zu mir passen.* Keine Blender, keine Maulaufreißer, keine Scheckbuch-Vereine. Fast wäre er Trainer von Kickers Offenbach geworden, doch der Präsident habe den

Termin verbummelt. Unpünktlichkeit kann Schlappner nicht ab. Da hat er den Job sausen lassen.

**16 Minute: 16.08.2008, Cottbus – Hoffenheim:** Niemand wollte sie dabeihaben, erst recht wollte niemand sie mögen. Aber nun war sie da, in der Ersten Bundesliga, die TSG Hoffenheim. Aufgestiegen dank fußballerischen Know-hows auf modernstem Stand, aber auch aufgestiegen dank eines Mäzens, der dem Verein ein Stadion und ein Sportzentrum baute und alles nach sich selbst benannte. Nur den Verein selbst nicht, der wurde aus PR-Gründen fortan als 1899 Hoffenheim präsentiert. So ein schickes Gründungsjahr verweist ja irgendwie auf Tradition. Und Traditionsmangel war definitiv das, was man Hoffenheim unter Bundesligatraditionalisten am allerallermeisten vorwarf. Außer der Geldsache. Die bei Lichte betrachtet aber vor allem Neid und weniger Verachtung weckte.

Niemand wollte sie mögen und dann passierte dies: Die TSG 1899 Hoffenheim spielte in ihrem ersten Bundesligajahr eine sensationelle Hinrunde, den prächtigsten Offensivfußball von allen. Das atemberaubende Vergnügen nahm seinen Anfang mit Vedad Ibisevics Tor in Cottbus in der 16. Minute. Vier Monate später war der Aufsteiger Herbstmeister und hatte Herzen erobert, die gar nicht erobert werden wollten. Der Spuk war aber schnell wieder vorbei.

**17 Minute: 10.06.2004, Superclásico, Boca Juniors – River Plate:** Im Derby zwischen den beiden populärsten Vereinen von Buenos Aires ist alles heilig, was den anderen verletzt. Weit über 100 Menschen starben in den letzten knapp 100 Jahren. Auch auf dem Platz gings hoch her, zuletzt 2004: *Erst nach einer guten Viertelstunde wurde Fußball gespielt*, erinnert sich River-Spieler Maxi López, *davor war nur Freistoß, Tritt, Karte.* Die Bombonera ist eng und steil. Als Maxi López die Seitenlinie entlangschießt, kann er die Boca-Fans nicht nur hören, er spürt die Wucht ihrer Gesänge, die Energie ihrer Passion und den Hass ihrer Herzen. Es steht 0:0 im Superclásico. López nimmt den Ball mit dem Außenrist an und läuft auf der rechten Seite Richtung Boca-Tor. Von den Rängen hämmern Trommeln, raue Männerstimmen singen romantische Fanlieder. Es gibt auf der Welt kein Stadion, das auf die Gast-Elf eine ähnlich einschüchternde Wirkung hat wie die Bombonera in Boca. Die Tribüne endet fast an der Seitenlinie, am Spielfeldrand kann López die Schweißperlen auf der Stirn der Fans erkennen. Er versteht jedes Wort. *Hijo de puta* – Hurensohn – ist noch das netteste, was er hört.

Als wäre das nicht schon genug, ist dieser Superclásico der erste in der Geschichte der Rivalität zwischen Boca Juniors und River Plate, der nur vor dem Publikum des Gastgebers Boca gespielt

wird. Aus Angst vor Zusammenstößen haben die Verbandsoberen entschieden, für Hin- und Rückspiel des Halbfinales der Copa Libertadores je nur die Anhänger der Gastgeber ins Stadion zu lassen. Das bedeutet: Auf dem Platz kämpfen elf River-Plate-Spieler gegen 60.000 Boca-Krieger. Entsprechend sah die erste Viertelstunde aus. Nach alter argentinischer Treterschule wurde auf beiden Seiten geschlagen, geboxt, gedrängelt. Dauernd lag einer auf dem Boden, dauernd wurde das Spiel unterbrochen, vier Gelbe Karten wurden verteilt. Fußball sieht anders aus. Erst in der 17. Minute, so erinnert sich Maxi López, sei er zum Fußballspielen gekommen. Er rennt mit Ball am Fuß die Außenlinie entlang, lässt Verteidiger Burdisso stehen, flankt in den Strafraum, wo Torjäger Cavenaghi wartet – aber Boca-Tortwart Abbondanzieri ist den entscheidenden Schritt schneller und hat den Ball. Es wird Fußball gespielt. Für Gastgeber Boca ein Weckruf, es dem Gegner gleichzutun. Stürmer Barros Schelotto erobert sich den Ball nach einer Ecke, sieht Schiavi am ersten Pfosten, passt, und zur Hälfte mit Kopf und Schulter schiebt der Mann mit dem Haarnetz den Ball ins River-Tor. 1:0! Die Ränge donnern, die Gesänge hallen im Kessel der Bombonera.

River reagiert, setzt dabei jedoch auf andere Methoden. Marcelo Gallardo (River) holt Cascini im Mittelfeld von hinten grob von den Beinen. Reiner Aggressionsabbau. Sekunden später drücken die

beiden wie Kampfstiere ihre Köpfe gegeneinander. Schiedsrichter Martín stellt beide vom Platz. Auf den Tribünen dampft es. Boca-Torwart Abbondanzieri steigt ein, Gallardo schleicht sich im Gewühl an den Torwart heran und kratzt ihm mit den Fingernägeln eine Blutspur ins Gesicht. Weinend-wütend will der blutende Abbondanzieri den Stürmer stellen. Derweil fängt am Spielfeldrand Boca-Stürmer Schelotto mit River-Zeugwart Macaya Krach an und knallt ihm schließlich eine.

Es wird weitergespielt. Ohne Lust. River will den 0:1-Rückstand halten, Boca kein Tor mehr schießen. *Fußball? Davon spricht keiner*, kommentiert die Sportzeitung »Olé« anderntags. Dabei fing alles so versöhnlich an – als Carlos Tévez vor Anpfiff zur Ersatzbank marschiert, kommt Fernando Cavenaghi von River zu ihm, sie umarmen sich. Seit der Partie ermittelt die Staatsanwaltschaft gegen Marcelo Gallardo. Der Vorwurf: Er habe Unruhe gestiftet in der Bombonera. Ausgerechnet.

**18** **Minute: 31.10.2002, AS Adema – SO de l'Emyrne:** Es gibt Spiele, in denen die Minuten keine Rolle spielen. Insbesondere wenn das Ergebnis ein 149:0 ist. Dann scheint nicht einmal die Feldgröße eine Rolle gespielt zu haben, und man fragt sich nur, wie die Entfernung zwischen Anstoßpunkt und Tor so schnell zu-

rückgelegt werden konnte. Anstoß, Tor, Anstoß, Tor, Anstoß ... eine dramatische Langeweile effizienten Fließbandfußballs. Und tatsächlich hat dieses Spiel in nur einer Feldhälfte stattgefunden, denn die Verlierer waren zugleich die Torschützen. Die Spieler des SOE hatten den Ball immer wieder ins eigene Tor gedroschen, um ihre Unzufriedenheit mit dem Schiedsrichter zum Ausdruck zu bringen, der sich schon vor Anpfiff mit ihrem Trainer Ratsimandresy Ratsarazaka in die Haare geraten. Am Ende ging das Spiel als das mit dem höchsten Ergebnis aller Zeiten in die Fußballanalen ein. Herzlichen Glückwunsch.

**19 Minute: 13.07.1930, Montevideo, WM-Gruppenspiel, Frankreich – Mexiko:** Beim Eröffnungsspiel der ersten Weltmeisterschaft überhaupt schießt der Franzose Lucien Laurent den ersten Treffer gegen Mexiko. Den 4:1-Sieg feiert er später gemeinsam mit den Kollegen in einem Bordell. Seitdem sind Sex und Fußball zwei Leibesertüchtigungen, die miteinander verbunden sind.

Besonders doll trieben es die Brasilianer bei der WM 1958 in Schweden, sodass sie drei Jahre später bei ihrer Schweden-Tournee von blonden Frauen mit kleinen Mischlingskindern auf dem Arm empfangen wurden. In der sexuellen Aufbruchsstimmung der Sechziger kamen sich Kick und Fick noch näher. Großbritanniens bester

Fußballer, der Ire George Best, erinnert sich in seiner Biografie an eine Zeit ohne ernstzunehmende Gegner jenseits des Fußballplatzes: *Es gab keine Paparazzi, die hinter irgendwelchen Büschen lauerten, und es gab keine Mädchen, die am nächsten Morgen zu den Zeitungen rannten.*

*Sex war Brasiliens Geheimwaffe,* schrieb die Londoner »Times« über den WM-Titel 1970, schließlich durften die Südamerikaner beides: Trinken und Mädchen auf ihren Zimmern empfangen. Nur eine Bitte hatte der freigiebige Coach João Saldanha an seine Schützlinge: *Wechselt die Mädchen nicht während der Woche. Nur montags.*

Anfang der Siebziger zeigten auch die von Sepp Herberger einst klösterlich gehaltenen deutschen Kicker erstmals Blößen in der Abwehr. *Die würden am liebsten drei Mal täglich und möglichst noch eine halbe Stunde vor dem Spiel*, klagte Dr. Erich Spannbauer, damals Mannschaftsarzt des FC Bayern München. Dass Fußballer bei dem Wort »Fummeln« nicht zwangsläufig an den Ball denken, wurde der deutschen Öffentlichkeit vor dem WM-Turnier 1974 bewusst, als Sepp Maier und Franz Beckenbauer aus dem Trainingslager in Malente ins Hamburger Nachtleben ausbüxten – der erste Sexskandal im deutschen Fußball. *Die Prediger der freien Liebe waren unterwegs*, erinnert sich Franz Beckenbauer, *und wir Fußballer waren*

*eine Art Popstars dieser Zeit. Es war kein Mangel an Abenteuern, und wir haben nicht anders gelebt als die anderen jungen Männer in diesen Jahren, in denen das Wort Aids und seine Schrecken noch weit entfernt waren.*

*Gelegenheit macht Diebe. Was sollen die Jungs auch machen? Irgendeine steht immer parat, ist verfügbar*, sagt heute noch eine berufene Frau: Martina Effenberg, deren Mann ausgerechnet mit der Gattin seines Kumpels Thomas Strunz durchbrannte. *Für die Mädels ist es natürlich ein Riesengeschäft, so in die Medien zu kommen. Oder sie werden schwanger, um sich so ihren Lebensstandard zu sichern. Es ist krank, superkrank, wie sich das in den letzten Jahren entwickelt hat.* (Die Zeiten, als Mehmet Scholl im Training mit Plakaten abgelenkt wurde, auf denen *Fick mich Scholli* stand, sind allerdings vorbei.) Selbst Madonna gestand in einem Interview, dass ihr Bedürfnis nach Sex steige, wenn sie dem chilenischen Stürmer Iván Zamorano beim Dribbeln zusehe.

Besonders anfällig für die Verlockungen der Frau sind die Kicker, wenn es auf große Fahrt geht – und große Fahrt ist im Fußball ja eigentlich immer. Zur möglichst emotionsfreien Behebung des sexuellen Notstands im Mannschaftsquartier empfahl der damalige Nationalkeeper Toni Schumacher in den Achtzigerjahren: *Warum nicht käufliche Schöne einladen, die unter medizinischer Kontrolle*

*stehen? Lieber organisierte Liebe als zusehen, wie die Jungs in die nächste Stadt flüchten und sich in irgendeinem üblen Puff Tripper, Maul- und Klauenseuche holen.* Hinterher, so Schumacher, gäbe es noch für jeden eine schöne Penizillinspritze. *Sex mit einem einzigen Restrisiko: zu Hause die Augen ausgekratzt zu bekommen.*

Kein Wunder, dass die Spielerfrau noch heute kaum besser behandelt wird als vor langer Zeit von den Mannen der Cheruskia Bielefeld, die ihre Gattinnen als Torpfosten nahmen – als Latte diente eine Wäscheleine, die von den Holden hochgehalten wurde.

Ob der Sex dem Spiel zu- oder abträglich ist, darüber besteht nach wie vor Uneinigkeit. Ecuadors Trainer Hernán Darío Gómez stellte fest: *Wenn man es langsam macht und mit einer Menge Liebe, kann es ein Fußballspieler jeden Tag tun.* Otto Rehhagel hingegen glaubt, dass nur ein treuer Kicker ein guter Kicker ist. Die Befürworter vom Glückshormone ausschüttenden Zweikampf im Bett hingegen verweisen gern auf die fünf Weltmeistertitel der Brasilianer, für die Stürmer Romario stellvertretend feststellte: *Gut spielen, das geht nur nach gutem Sex.* So veranstaltet die brasilianische Nationalmannschaft vor jedem Spiel einen wahren Lenden-Wirbel, wobei schon Pelé, der heute für Potenzmittel wirbt, wusste, worauf es ankommt: *Sex ist gut, aber die Phase der Annäherung bringt Stress und Müdigkeit. Wenn du ein Mädchen um neun aufreißt, erst essen*

*gehst und dann in die Disko, kommst du erst um vier Uhr morgens zum Vollzug.* Pelés Tipp, damit es schneller geht: *Die Menschen sollten von den Tieren lernen.* Völlig auf die nervige Anmache verzichtete der belgische Verteidiger Éric Deflandre, der bei der WM 1998 eine Gummipuppe im Gepäck hatte, weil er wusste, dass *ein Monat ohne Frau schwierig sein kann.* Deflandre musste sich nur zwei Wochen damit begnügen, dann ging es schon wieder nach Hause.

Es ist wohl so: Der Fußballer, das ist nun mal seine Berufung, träumt ständig vom Einlochen. Und schon Max Merkel hat gesagt: *Es ist wie bei der Liebe. Was vorher ist, kann auch sehr schön sein, aber es ist nur Händchenhalten. Der Ball muss hinein.*

**20** **Minute: 18.08.1981, Bremen – Bielefeld:** Werders Norbert Siegmann trifft Arminia Bielefelds Ewald Lienen mit gestrecktem Bein am Oberschenkel, eine 29 Zentimeter lange Wunde ist die Folge. Lienen humpelt auf Trainer Rehhagel los, faucht ihn an, ballt die Faust. *Schnapp ihn dir,* soll Rehhagel dem eingewechselten Siegmann gesagt haben – zumindest wollen das die Bielefelder Reservisten gehört haben. Ein Strafverfahren Lienen-Rehhagel wird eingestellt, beim Rückspiel erscheint der Trainer mit einer kugelsicheren Weste auf der Bank. Lienens Riss ist allerdings nur die augenfälligste in der langen Reihe gängiger Fußballerverlet-

zungen, deren genaue Bedeutung kein Fußballfan je wird erklären können. Das meiste klingt auch so schon schlimm genug:

Augapfelprellung
Bauchmuskelriss
Brustkorbquetschung
Ellenbogenbruch
Fußwurzelknochenabsprengung
Handrückenbruch
Hüftgelenkverrenkung
Innenbanddehnung
Jochbeinbruch
Kiefernbruch
Kreuzbandriss
Meniskusschaden
Mittelfußbruch
Muskelfaserriss
Oberschenkelgeschwulst
Schädeltrauma
Schlüsselbeinsplitterung
Unterarmbruch

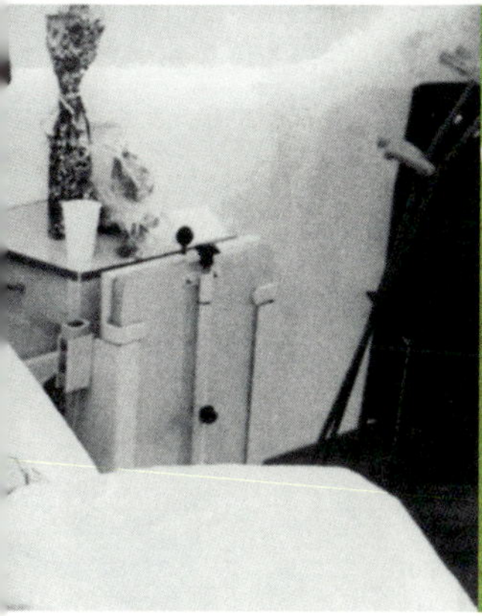

Als verhängnisvollste Verletzung gilt der Kreuzbandriss, u. a. zwei Mal erlitten von Nationalspieler Sebastian Deisler. Das vordere und hintere Kreuzband verlaufen von der Schienbeinkopfmitte zum Oberschenkelknochen kreuzförmig zueinander. Sie geben dem Knie die notwendige Stabilität in der Laufrichtung und verhindern, dass sich der Oberschenkel über den Unterschenkel schiebt oder umgekehrt. Außerdem sind die Bänder mit Messfühlern ausgestattet, die wichtige Rückmeldungen über die Beinstellung liefern. Durch eine plötzliche Drehung des Knies bei gleichzeitig fixiertem Oberschenkel kann das Kreuzband reißen, bei Fußballspielern ist es zumeist das vordere. Diese Verletzung wird fast immer operiert. Aufgrund ihrer Elastizität kann man die Bänder nicht zusammennähen, sie werden daher bei den meisten Operationen durch eine Kreuzbandplastik ersetzt. Das neue Band und der Knochen sind nach sechs bis zwölf Wochen verwachsen. Bei optimalem Heilungsverlauf kann ein Profi nach sechs Monaten Pause wieder spielen.

**21 Minute: 01.06.2002, Sapporo, WM-Gruppenspiel, Deutschland – Saudi-Arabien:** Der Tag, der Miroslav Klose den Ruf des Stürmers von Weltformat eintrug. Drei Treffer steuerte er zum 8:0 bei, den ersten davon mit einem wunderschönen Kopfballaufsetzer und dem anschließenden Salto vorwärts, der sein Mar-

kenzeichen wurde. Allerdings hatte er den Jubel-Salto gar nicht erfunden, sondern vielmehr von Mexikos Nationalheld Hugo Sánchez abgeguckt, und außerdem war es mit dem Weltformat nach der WM nicht weit her. In den beiden Folgejahren bei Kaiserslautern wollte es nicht mehr so recht laufen, erst der Wechsel zu Werder und das Duo mit Ivan Klasnic machte einen Knipser aus ihm. In der Saison 2005/06 wird Klose, 27, zum Spieler der Saison gewählt. Bei der WM 2006 wird er Torschützenkönig, und für die WM in Brasilien rechnet man mangels Alternativen wieder mit dem zu Lazio Rom gewechselten Stürmer. Wer sonst als Klose, geboren in Opole, soll die Deutschen ins Finale schießen?

**22 Minute: 24.06.1990, Mailand, WM-Achtelfinale, Deutschland – Niederlande:** Nachdem Frank Rijkaard Gelb gesehen hat, spuckt er Gegenspieler Rudi Völler ins Haar. Nur Sekunden später noch einmal. Der völlig überforderte Schiedsrichter Loustau aus Argentinien stellt beide vom Platz. *Ein Skandal!*, echauffiert sich Kalle Rummenigge am Mikrofon. Und Heribert Fassbender dreht total durch: *Schick den Mann schnell zurück in die Pampa! Den wollen wir bei einer WM höchstens noch als Kartenabreißer sehen!* Sportpsychologe Dr. Heinz-Georg Rupp sah es einige Jahre später im Interview etwas gelassener:

**Im Fußballgeschäft wird ständig gerotzt und gespuckt. Wahre Fontänen ergießen sich über die Plätze. Warum halten die Spieler nicht an sich?**
Rupp: *Fußball ist ein sehr expressiver Sport, wo es darum geht, sich auszuleben. Wenn ich an mich halte oder es im Wortsinne in mir halte, würde das bedeuten, dass ich eine Chance verpasse, mich zu befreien.*

**Ist das Ausspucken ein Befreiungsakt?**
*Durchaus. Wir haben es zu tun mit einer symbolischen Befreiung von Blockaden in einer Situation, in der sich der Spieler als Versager fühlt, etwa nachdem er eine Torchance vergeben hat. Er spuckt, um zu zeigen: Es geht weiter, ich hab' mein Rohr wieder freigelegt, beim nächsten Mal klappt es besser. Und das wird nicht heimlich gemacht, sondern richtig offen ausgelebt, damit die Galerie das auch merkt.*

**Die Zuschauer sollen das sehen?**
*Ja. Mit dem Rausrotzen soll eine Botschaft vermittelt werden, eine Selbstermutigung: Ich bin nicht blockiert! Ich mache mir den Weg frei! Mit Freud könnte man die Frustrations- und Aggressionshypothese anführen. Das heißt: Wenn ein Mensch sein Ziel nicht erreicht – hier: Stürmers Grundbedürfnis, ein Tor zu schießen – dann führt dieses Versagenserlebnis zur Aggression. Ausspucken, dieser kurze Anflug von Deftigkeit und Heftigkeit, ist das Ventil dafür.*

**Eine Ersatzbefriedigung, weil man lieber den Pfosten kleintreten würde?**
*Ich weiß nicht, ob das Spucken Befriedigung gibt. Es ist eine symbolische Handlung. Aber Ersatz durchaus: Als eine Art Trotzhandlung wie bei kleinen Kindern. Die treten gegen das Tischbein, wenn sie sich daran gestoßen haben, um das Tischbein als vermeintlich Schuldigen zu bestrafen.*

**Sind sich die Spieler des Rotzens denn bewusst?**
*Ich glaube kaum. Beim ersten Mal nimmt man es vielleicht noch wahr. Dann wird es Gewohnheit. Und mit der Zeit hat es sich ritualisiert.*

**Herumspucken gilt sensiblen Gemütern als ekelhaft. Sagt den Kickern denn keiner: Lasst das bleiben?**
*Sicher ist das wenig imagefördernd für den Spieler. Öffentliches Ausspucken ist ja tabu in unserer Gesellschaft – unsere Körpersäfte haben wir bei uns zu behalten. Und so ein glitschiger, glibberiger Stoff ist erst recht negativ behaftet. Aber wichtiger als Konventionen ist beim Fußballer die Botschaft. Sozialpsychologisch gesagt: Wenn ich dumm gefoult oder danebengeschossen habe, bin ich nicht der passive Vorwurfsempfänger, sondern ich agiere gleich wieder. Wer nichts zeigt, gilt leichter als Lahmarsch. Dann lieber spucken.*

**Wurde denn schon immer so viel gerotzt, oder kriegen wir es durchs Dauerfernsehen nur mehr mit?**

*Ich glaube schon, dass es immer mehr wird. Das Spiel ist intensiver geworden, härter, aggressiver und schneller. Das schnelle Rotzen, zack, raus, liegt auch im Tempo der Zeit.*

**Gern wird bei Einwechslungen gespuckt. Ein Initiationsritus?**

*Übertragen gesagt: Jetzt komme ich und besame ersatzweise das Spielfeld. Die Botschaft ist: Ich werde das Spiel befruchten!*

**Warum spuckt keiner beim Hallenfußball?**

*Zu Hause spuckt ja auch keiner aufs Parkett oder den Teppich. In der Halle bleiben dann nur andere Kompensationstechniken: Haare raufen, vor den Kopf schlagen.*

**23** **Minute: 23.04.1994, Bayern – Nürnberg:** Beim 159. Bundesligaderby zwischen dem FC Bayern und dem 1. FC Nürnberg pfeift Schiedsrichter Hans-Joachim Osmers den vorerst (→ 70.) keinsten Treffer aller Zeiten: Thomas Helmer hat den Ball am linken Pfosten vorbei ans Außennetz gestolpert, Osmers aber sieht ihn drin und bleibt unbeirrbar. Torwart Andreas Köpke erinnert sich: *Ich lag am Pfosten, der Ball daneben. Der Thomas half mir hoch, und ich frage ihn auch noch: Wie hast du das denn geschafft, den daneben zu schießen? Er hat geantwortet: Weiß ich*

*auch nicht*. Wie auch immer: Helmer und die anderen Bayern-Spieler jubeln, der Treffer gilt, München gewinnt 2:1, doch dann bemüht der DFB das Fernsehbild und lässt die Partie zehn Tage später im Olympiastadion wiederholen. Die Moral von der Geschicht': Never fuck with the Establishment! Diesmal siegt Bayern 5:0 und wird ein paar Wochen später Meister, der Club steigt ab.

**24 Minute: 13.12.1981, Barcelona – Bilbao:** Es hätten große Zeiten für Barça werden können, Anfang der Achtziger, als Udo Lattek und César Luis Menotti Trainer sind, und sich Diego Maradona und Bernd Schuster zu zaubern anschicken. Aber dazu kommt es kaum. Vor allem, weil Andoni Goikoetxea was dagegen hat. Zuerst bricht der Innenverteidiger von Athletic Bilbao Bernd Schuster ein Bein, kurz vor Weihnachten 1981, in der 19. Minute. Schuster krümmt sich, beißt aber die Zähne zusammen und verlässt erst fünf Minuten später das Feld, der Held. In der Folgesaison kommt Maradona, sieht Lattek, hasst ihn und sorgt gemeinsam mit Schuster für Latteks Absetzung sowie eine ziemlich verkorkste Saison. 1983/84 dann wird Menotti Barça-Trainer, und endlich scheint alles gut zu werden – Argentiniens Weltmeistertrainer schwärmt denn auch von der »Traumkombination« zwischen dem Individualisten aus Buenos Aires und dem Strategen aus Augsburg

und nennt Schuster rückblickend den besten Spieler, den er je trainiert habe. Aber dann schlägt »Der Schlächter von Bilbao« wieder zu – diesmal bricht er Maradonas Bein, ziemlich zu Saisonbeginn, am 24.9.1983 in der 58. Minute. Da hat Barça das Spiel längst mit 4:0 gegen Athletic entschieden. Maradonas Spielzeit bei Barça ist damit vorbei, zum Saisonende wechselt er nach Neapel, der Traum vom Traumduo ist geplatzt – Goikoetxea, hijo de puta!

Wo wir gerade dabei sind: Jupp Derwall, du alte Grützwurst! 1981 wirft der Bundestrainer, assistiert von Kapitän Karl-Heinz Rummenigge, Schuster wegen unsolidarischer Nichtteilnahme am kollektiven Teambesäufnis aus der Mannschaft – weshalb Schuster nicht nur Deutschlands bester Fußballer der Achtziger bleibt, sondern auch der begabteste deutsche Feldspieler, der nie bei einer WM antrat. 1986 und 1990 stimmt die Chemie mit Trainer Beckenbauer nicht. Egal, dafür stimmte es bei Schuster daheim. Mit Managerin Gaby, die bei Barça, Real und Bayer Leverkusen jeweils Millionenabfindungen aushandelte, war Schuster über 30 Jahre verheiratet. Bis zur Trennung 2011.

**25 Minute: 04.03.2001, English Women's Premier League, Burton Brewers – Willenhall Town:** Als der Spätzünder-Herrenklub DFB 1970 das Fußballspielverbot für Frauen in Deutschland aufhob, lachte die Queen, denn vor ihren Augen galop-

pierten schon seit über hundert Jahren zarte Mädchenfüße über gepflegten englischen Rasen. In der Begründung des DFB wurde noch 1955 notiert: *Im Kampf um den Ball verschwindet die weibliche Anmut, Körper und Seele erleiden unweigerlich Schaden und das Zurschaustellen des Körpers verletzt Schicklichkeit und Anstand.* Die deutsche Frauennationalmannschaft um Trainerin Silvia Neid sollte es den Fußballfunktionären durch penetranten Erfolg heimzahlen.

Dass Fußball sowieso, und Frauenfußball erst recht, in England erfunden wurde, ist eine Legende. So beanspruchen die Französinnen für sich, schon im 12. Jahrhundert auf diese Idee gekommen zu sein, und die Inuit kickten seit jeher gendermäßig durcheinander. Frauenspielverbote hat es tatsächlich immer wieder und überall gegeben, auch in England, und da liegen Aufstieg und Fall besonders nah beieinander. Eine zweifelhafte Spitzenleistung ist der britische Rekord für die höchste Niederlage in einem Frauenfußballspiel: Die 0:57-Klatsche der Burton Brewers gegen Willenhall Town am 4. März 2001 in der Division One North der West Midlands Regional Women's Football League. Die Frauschaft der Burton Brewers, in dieser Zeit auch »Schießbude der Nation« genannt, versagte in dieser Saison vollends und landete auf dem letzten Tabellenplatz mit sagenhaften 0 Punkten, aber 234 Gegentoren, doch immerhin – frau glaubt es kaum – mit 3 Ehrentreffern.

**26 Minute: 18.05.1960, Glasgow, Europapokal der Landesmeister, Finale, Real Madrid – Eintracht Frankfurt:** Vor 127.000 Zuschauern schieß Alfredo Di Stéfano das erste seiner drei Tore beim 7:3 von Real Madrid gegen Eintracht Frankfurt. Die britischen Zeitschriften »World Soccer« und »FourFourTwo« wählten die Partie zum Spiel des 20. Jahrhunderts, die BBC wiederholt sie alljährlich zur Weihnachtszeit. Alfredo Stéfano Di Stéfano Laulhé wurde am 4. Juli 1926 in Argentiniens Hauptstadt Buenos Aires geboren. Als er 1964 bei Real Madrid verabschiedet wurde, hatte er 396 Pflichtspiele absolviert und dabei 307 Tore erzielt. Er hatte in fünf aufeinanderfolgenden Jahren den Europapokal der Landesmeister gewonnen und in jedem Finale mindestens ein Mal getroffen. Vor allem aber hatte Di Stéfano auf ewig den Fußball verändert.

*La saeta rubia* hatte ihn ein argentinischer Journalist getauft, *der blonde Pfeil*, und so treffend der »nom de guerre« für den blonden Südamerikaner auch war, so war doch das Pseudonym, das die französische Presse erfand, fast noch präziser: »l'omnipresent«. Di Stéfano gilt bis heute als der Prototyp des »Allgegenwärtigen«. Zumindest behaupten jene, die ihn spielen sahen, dass man ihn in einem Augenblick angreifen und im nächsten verteidigen sah. *Pelé war eine erste Geige*, sagte der Trainer Helenio Herrera, *Di Stéfano war ein ganzes Orchester*.

Es war der 50. Jahrestag der Vereinsgründung, der Di Stéfano erstmals nach Madrid geführt hatte. Real Madrid lud zu einem Dreiecksturnier, an dem die schwedische Mannschaft IFK Norrköping teilnahm und Di Stéfanos damaliger Verein Millonarios Bogotá. Di Stéfano, der in Barracas geboren worden war, einem bescheidenen Viertel nahe des Boca-Viertels von Buenos Aires, war bei River Plate groß geworden. Ein Arbeitskonflikt hatte ihn jedoch wie viele andere argentinische Profis nach Kolumbien verschlagen. In Madrid wurde Di Stéfano zum besten Spieler des Turniers gewählt und begeisterte vor allem Santiago Bernabéu, den Vereinspräsidenten von Real Madrid. *Als ich ihn sah, wie er in einem sehr eigenen Stil in schwindelerregender Geschwindigkeit fintierte und drei unserer Spieler sitzen ließ, sagte ich zu mir: ›Das hier ist etwas Besonderes.‹ Ich hatte nie etwas Ähnliches gesehen. Ich war von ihm besessen.* Noch auf der Tribüne sagte er einen mittlerweile legendären Satz: *Dieser Kerl riecht nach gutem Fußball.*

Der Verein zahlte insgesamt 5,75 Millionen Peseten für den Transfer. Das war 1953 eine unfassbare Summe zu einer für die Spanier entbehrungsreichen Zeit. Reals Präsident Santiago Bernabéu scharte in den folgenden Jahren um Di Stéfano alles Talent, dessen er habhaft werden konnte, ob Santamaría, Kopá, Rial, Puskás oder Didí. *Wir waren eine Mischung aus südamerikanischem und euro-*

*päischem Fußball, aus der dortigen Technik und der hiesigen Kraft*, sagte Alfredo Di Stéfano über die Mannschaft, die fünf Europapokale in Serie gewinnen sollte.

Nahezu zeitgleich mit Di Stéfano war ein junger Linksaußen von der kantabrischen Küste im Norden Spaniens zu Real Madrid gekommen. Francisco »Paco« Gento hatte seine unglaubliche Schnelligkeit und seinen Ballinstinkt in die Wiege gelegt bekommen. Jedoch nicht von seinem Vater, sondern von seiner Mutter, die von sich selbst behauptete, als Schülerin Fußball gespielt und so viele Treffer geschossen zu haben, dass ihre Mitspielerinnen sie ins Tor stellten. »La Galerna« nannten sie Gento, nach einem Naturereignis, das sich an der kantabrischen Küste abspielt. Es ist der Wind, der von Nordost auf Nordwest umschlägt und alles fortzureißen droht.

1958 kam der Ungar Ferenc Puskás – der beste Linksfuß der Welt, bis Diego Maradona auftauchte. *Was soll ich denn mit dem?*, fragte Luis Carniglia, damals Trainer der ersten Mannschaft, den Klub-Boss Bernabéu. *Ihn aufstellen. Punkt*, antwortete der Präsident. Die Frage Carniglias war nicht ganz unberechtigt. Puskás hatte zwei Jahre lang nicht gespielt und in der Zeit reichlich Gewicht zugelegt – zwölf Kilo. Der Kapitän der ungarischen Mannschaft, die 1954 in Bern beim WM-Finale 2:3 gegen Deutschland verloren hatte (→ 84.), war nach dem Ungarn-Aufstand 1956 aus der Heimat geflo-

hen und anschließend von der FIFA gesperrt worden. Mit Honvéd Budapest bestritt er noch einige Freundschaftsspiele, auch in Spanien. Doch wirklich fit hatte er sich nicht gehalten.

Emil Östreicher, der die Mannschaft von Honvéd Budapest im Exil als Manager betreut hatte und mittlerweile als Berater des Vorstands von Real Madrid fungierte, bürgte jedoch für die Verpflichtung von Puskás. Als Bernabéu sich nach dessen erstem Training bei Di Stéfano rückversicherte, ob der Ungar tatsächlich eine Verstärkung darstellen könnte, erhielt er eine Antwort, die einem uneingeschränkten Ja sehr nahe kam: *Er behandelt den Ball mit seinem linken Fuß besser als ich mit der Hand*, sagte Di Stéfano. Francisco Gento schwört sogar: *Ich habe gesehen, wie Puskás in der Dusche ein schäumendes Seifestück in die Luft warf und es mit dem linken Spann auffing. Ein Stück Seife!* Aus Di Stéfano und Puskás wurde eines der gefährlichsten Duos der Welt. Di Stéfano erzählte, dass er sich immer umdrehte, wenn er Puskás den Ball gab. Er wollte den Jubel auf den Tribünen beobachten, so undenkbar war es, dass Puskás nicht traf. Und er traf tatsächlich, wie er wollte. 1961 wurde er in einem Spiel gegen Atlético Madrid vom Schiedsrichter angehalten, einen Freistoß zu wiederholen, den er in den Winkel gezirkelt hatte. Puskás zuckte mit den Achseln, trat erneut an und schoss den Ball mit der gleichen Flugbahn erneut in den Winkel.

Doch niemals waren Alfredo Di Stéfano und Puskás alias »Cañoncito Pum« (in etwa: Kanönchen Peng) kongenialere Partner als am 18. Mai 1960, dem Tag des mutmaßlich vollendetsten Spiels, das Real Madrid je geboten hat. Der 7:3-Sieg im fünften Europapokalfinale der Landesmeister gegen Eintracht Frankfurt vor offiziell 127.621 Zuschauern im Glasgower Hampden Park. Andy Roxburgh, der unter anderem schottischer Nationaltrainer wurde, glaubte noch Jahrzehnte später, dass Real Madrid *die einzige Mannschaft war, die im Hampden Park jemals die Erwartungen schottischer Fußballfans erfüllen konnte.*

Drei Tage vor der Partie in Glasgow hatte Spaniens Nationalmannschaft mit vier Spielern von Real Madrid im Estadio Santiago Bernabéu die englische Nationalmannschaft mit 3:0 besiegt, und als das Spiel gegen die Eintracht begann, schien es tatsächlich so zu sein, dass die Spanier, wie manche ihrer Anhänger befürchtet hatten, müde sein würden. Nach 18 Minuten erzielte Richard Kress das 1:0 für die Eintracht, dann jedoch drehte Real Madrid auf. Noch vor der Halbzeit stellten Di Stéfano mit zwei Treffern und Puskás das 3:1 her, nach der Pause machten beide munter weiter. Erst als Real Madrid durch drei weitere Treffer von Puskás 6:1 führte, konnte Erwin Stein verkürzen, nach dem 7:2 durch Di Stéfano erzielte Stein auch noch das zehnte Tor der Partie.

Die Spielkunst der Madrilenen an jenem Tag trug viel zu ihrem Weltruhm bei. *Das beste und reichste Finale des Europapokals der Landesmeister*, konstatierte anderntags »L'Équipe« in Frankreich. *Jeder Spieler war ein Meister seines Fachs*, schrieb der schottische »Daily Record«, und der Chronist des englischen »Daily Herald« hatte einen Fußball gesehen, der *zu den Füßen dieser großartigen Artisten so einfach schien, dass es wirkte wie ein Traum*. Auf den Tribünenplätzen müssen die Empfindungen ähnlich gewesen sein. *Nachdem wir in die Kabine gegangen waren, mussten wir wieder heraus, weil das Publikum weiterklatschte, ohne Ende*, erzählte Gento. *Es war wie im Theater, als würden sie eine Zugabe verlangen*.

1963 hielt Spanien den Atem an, denn Di Stéfano wurde in Venezuela entführt. Die »Bewaffneten Kräfte der Nationalen Befreiung«, eine Guerrillagruppe aus Venezuela, suchte nach einem PR-Coup, der ihre sozial-revolutionären Ziele auch im Ausland bekannt machen sollte.

Eigentlich wollten sie Igor Strawinski entführen. Als sie aber erfuhren, dass der russische Komponist Herzprobleme hatte, bedienten sie sich bei Real Madrid. Die Mannschaft war in die venezolanische Hauptstadt Caracas gereist, um an einem Turnier namens Pequeña Copa del Mundo teilzunehmen, einer pittoresken Veranstaltung namens »Kleiner Weltpokal«, die in den Fünfziger

und Sechzigerjahren in Venezuela ausgetragen wurde. Das in feines Tuch gewandete Kommando kam nachts in das Hotel von Real Madrid und gab sich als Abordnung der Geheimpolizei aus. Sie erklärten Di Stéfano, dass er zwecks Vernehmung mitkommen müsse, er sei des Drogenhandels bezichtigt worden. Obschon verblüfft, ging Di Stéfano mit. Erst im Wagen schöpfte er endgültig Verdacht. Doch da war es bereits zu spät. Er blieb 72 Stunden in der Hand der Entführer, die zwar bewaffnet, aber offenbar nur bedingt kampfbereit waren. Zum einen versicherten sie ihrem Opfer, dass sie es auf ein Gefecht nicht ankommen lassen würden. Zum anderen nickten sie schon mal weg; in seinen Memoiren fragte sich Di Stéfano später: *Wer passte hier auf wen auf?*

Angst flößten sie ihm dennoch ein, auch nach seiner Freilassung. Als in der spanischen Botschaft eine improvisierte Pressekonferenz einberufen wurde, sang Di Stéfano wahre Hymnen auf seine Entführer, denn unter den Journalisten hatte er zwei ihrer Komplizen ausgemacht. Auf dem Weg zum Flughafen raunte ihm ein Sicherheitsbeamter zu, dass *die Kameraden* vom Entführungskommando *begeistert gewesen* seien – bei der Pressekonferenz in Caracas habe er sich prima verhalten. Erst als er an Bord einer Iberia-Maschine in Madrid landete, fühlte er sich wieder einigermaßen sicher. Dort angekommen, übertraf er laut der Zeitung »ABC« den damaligen

Weltrekord an anwesenden Fotoreportern; er lag bis dato bei 54 Kameras und war bei einer Veranstaltung mit der italienischen Schauspielerin Sophia Loren aufgestellt worden.

**27 Minute: 12.07.1998, Paris, WM-Finale, Frankreich – Brasilien:** In den letzten fünf Finals standen drei Mal die Brasilianer. Und nur ein Mal haben sie verloren, gegen Frankreich 1998, mit 0:3. Es war der große Tag des Zinedine Zidane, der zwei Mal per Kopf traf. Vor allem aber war es der Triumph einer der besten Abwehrketten aller Zeiten. 26 Länderspiele bestritt Frankreich mit der Formation Lilian Thuram, Marcel Desailly, Laurent Blanc, Bixente Lizarazu: Keines ging verloren. Bis heute gilt: Nicht ein Cristiano Ronaldo gewinnt das Spiel. Sondern die Jungs dahinter. Als die Bayern sich 2014 nach nur 27 Spieltagen die Deutsche Meisterschaft holten, hatte das Team von Pep Guardiola 13 Gegentore kassiert, statistisch gesehen weniger als ein halbes pro Spiel. Die zweitplatzierten Dortmunder kassierten mehr als doppelt soviel. Nicht die meisten Tore gewinnen, sondern die wenigsten Gegentore.

Gelobet sei die Abwehr. Als der liebe Gott die Gene verteilte, gab er dem Germanen den Eisenfuß, der in unwirtlichen Gegenden wie dem Teutoburger Wald das Überleben sicherte: Wölfe und Römer ließen sich einfach wegtreten. Es ist eine Kunst, elegant zu

verteidigen. Hacke, Spitze, Pocke aufs Tor dreschen, das kann jeder. Klappt es nicht, wie bei über 90 Prozent der Angriffe, sagt keiner was. Das Publikum, dämlich-dankbar für jede mittelmäßige Torszene, klatscht noch, wenn der Ball über die Südkurve hinaus fliegt und auf dem Parkplatz landet. Stürmer können ein Spiel lang Mist bauen. Ein Glückstreffer in der 91. Minute, und sie sind die Könige. Stürmer haben keine Verantwortung. Die tragen Abwehrspieler. Jeder Fehler kann der letzte sein. Strafe: hunderttausend Mal Zeitlupe. Gespött der Welt. Das braucht Nerven. Nichts für Andy Möllers. Kein Job auf dem Platz hat sich dermaßen dynamisch entwickelt wie der des Verteidigers. Früher reichte es, dem Gegner antizipativ das Leder vom Zeh spitzeln, hart das Bein zu treffen und trotzdem keine Karte zu kriegen. Augenthaler, Buchwald, Brehme, Kohler – Namen wie Stahl. Hau weg, den Scheiß. Sie haben Maradona und ganz Argentinien zur Verzweiflung getrieben. Und Deutschland 1990 zum WM-Titel. Hätte auch 2002 funktioniert. Aber Oli Kahn hats versemmelt.

Die Defensivkräfte von heute spielen das perfekte Paradox: schnell und robust, entschlossen und klug, hart und kreativ, obendrein noch sensationell fair. Was ein guter Innenverteidiger heute können muss, das hatte zu Sepp Herbergers Zeiten bestenfalls die ganze Mannschaft zusammen drauf.

Der spielmachende Innenverteidiger hat den offensiven Libero mit eingebaut. Kaum hat er den Ball unter Kontrolle, schweift der Blick sofort übers ganze Feld: Wie macht man aus einem abgefangenen Angriff in Sekunden einen tödlichen Gegenangriff? Wie viele solcher Ausnahmekräfte aber hat die deutsche Nationalelf zu bieten? Jérôme Boateng noch, aber das wars auch schon. Alaba (Bayern), Sokratis (Dortmund), Rodriguez (Wolfsburg), Naldo (Wolfsburg), Dante (Bayern), Stranzl (Gladbach), Lustenberger (Hertha) – die bestbewerteten Verteidiger der Bundesliga spielen überall auf der Welt, aber nicht für Jogi Löw.

Und was lernen wir von den Franzosen 1998? Die Mannschaft war breiter aufgestellt als alle anderen: Es kickten Franzosen, Basken, einer aus Guadeloupe. Und Zidane natürlich, Sohn algerischer Einwanderer. Der französische Kahn hieß Fabien Barthez. Vor jedem Anpfiff küsste ihm Abwehrchef Laurent Blanc die Glatze, um die Fußballgötter gnädig zu stimmen. Blanc machte das Golden Goal im Achtelfinale gegen Paraguay. Abwehrspieler können treffen, Torjäger aber nicht abwehren. Lilian Thuram schoss Frankreich mit zwei Toren im Halbfinale gegen Kroatien ins Endspiel. Bixente Lizarazu bekam Drohbriefe von der ETA. Ein Baske spielt nicht für Frankreich. Lizarazu tat es doch. Er hatte keine Angst. Abwehrspieler haben nie Angst.

**28 Minute: 11.07.2010, Johannesburg, WM-Finale, Niederlande – Spanien:** Zum Abschluss der ersten Fußball-WM auf dem afrikanischen Kontinent war es auf dem Papier nicht die schlechteste Paarung: Die Spanier perfektionierten gerade mit Hingabe ihre iberische Konzeptfußballvariante Tiki-Taka. Und wenngleich die glorreiche Zeit des niederländischen Spiels mit seinem Ideal vom »Totaalvoetbal« Jahrzehnte zurücklag, waren Elemente dieser Fußballästhetik auch dieser Auswahlelf noch vertraut. Allerdings hieß der Trainer Bert van Marwijk – und es gab Spieler wie Nigel de Jong. Freundlich gesagt: Pragmatiker. Vielleicht wäre es trotzdem noch ein schönes Finale geworden, wäre de Jong für seinen Tritt, schwungvoll mit gestrecktem Bein in Xabi Alonsos Leib, nicht bloß als Kung-Fu-Fighter bestaunt worden, sondern in der 28. Minute vom Platz geflogen. Zeit genug, aus einem Krampf ein Spiel zu machen, war da noch. So aber ging das Elend, ein schauerliches Spiel voller Fahrigkeiten, Fehlpässe und fiesen Fouls, bis in die Verlängerung. Wenigstens gewannen die Niederländer nicht (→ 22.).

**29 Minute: 06.01.2005, AS Rom – Lazio Rom:** Lazio-Spieler Paolo Di Canio trifft zum 1:0 gegen den Erzrivalen und baut sich anschließend mit ausgestrecktem rechten Arm vor den als rechtsextrem bekannten Fans seines Klubs auf. *Wie schön, die-*

*ser römische Gruß! Ich war zutiefst gerührt*, sagt Mussolini-Enkelin Alessandra später. Paolo Di Canio, der auf seinem rechten Oberarm das Wort »Dux« tätowiert hat, was lateinisch für »duce« (Führer) steht, wiederholte trotz Strafe den faschistischen Gruß noch in mehreren Stadien. Schon als Spieler bei Sheffield Wednesday war Di Canios verhaltensauffällig. Als er im Spiel gegen Arsenal eine Rote Karte erhielt, schubste er den Schiedsrichter Paul Alcock zu Boden. Dafür kassierte er eine Sperre von elf Spielen und eine Geldstrafe.

Kein Wunder, dass viele erleichtert waren, als Di Canio schließlich seine Karriere 2006 beim Viertligisten Cisco Roma beendete. Allerdings tauchte er als Trainer wieder auf – zunächst wiederum in England. Dort übernahm er Swindon Town, das er direkt von der League 2 in die League 1 führte. Am 31. März 2013 ging er zum AFC Sunderland, woraufhin der britische Politiker David Miliband seinen Posten im Aufsichtsrat aus Protest niederlegte. Tatsächlich hat sich Di Canio bis heute nicht vom Faschismus distanziert. Es war aber wohl weniger sein krudes Geschichtsbild als vielmehr die magere Punktausbeute, weswegen sich Sunderland im September 2013 von ihm trennte. *Sunderland führerlos* – das wäre doch eine schöne Schlagzeile in den englischen Tabloids gewesen.

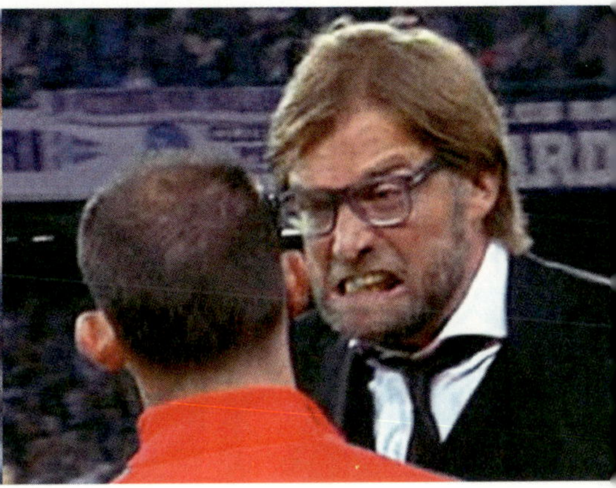

**30** **Minute: 08.11.1975, Bremen – Hannover:** Schiedsrichter Wolf-Dieter Ahlenfelder pfeift die erste Halbzeit ab. 15 Minuten zuvor hatte er in seinem sechsten Bundesligaspiel den Fotografen die Zunge herausgestreckt und auf dem Boden liegende, verletzte Spieler angepöbelt. Zwischenzeitlich begann Ahlenfelder grundlos zu grinsen, schimpfte vor sich hin, ruderte bei Spielunterbrechungen mit den Armen und fing unvermittelt zu lachen an. Auf heftiges Winken des Linienrichters hin ließ Ahlenfelder dann doch weiterspielen – per Schiedsrichterball. *Ein Bier und ein Malteser zum Mittagessen, das wird doch wohl erlaubt sein*, sagte Ahlenfelder im Anschluss an seinen Auftritt. Und, auch schön: *Wir sind Männer, wir trinken keine Fanta.* Tatsächlich musste Ahlenfelder nach dem Spiel zur Blutprobe.

**31** **Minute: 18.09.2013, Champions-League, Gruppenphase, Neapel – Dortmund:** Der Ballspielverein Borussia 09 ist die Dramaqueen des Europäischen Fußballs. Oder wie der Brite sagt, das englischste Team außerhalb von England. Oder wie der Spanier sagt, Barcelona und Madrid in einem. Polarisierende Einschätzungen kommen vor allem daher, dass die Dortmunder jedes Match wie ein Endspiel führen, es wird gnadenlos verloren oder spektakulär gewonnen, mit Kampf über die letzte Minute hinaus,

als gäbe es kein Morgen. Die hochemotionale Spielweise, die die Grenze des Pathologischen touchiert, ist von einem Trainer infiziert, der von Dr. Jekyll zu Mr. Hyde mutiert, wenn es nicht läuft, wie es sollte.

An diesem Abend in Neapel lief nichts so wie es sollte. Eine kriegerische Partie mit Roten Karten und Verletzten. Mats Hummels verletzt raus, Neven Subotic verletzt immer wieder raus und rein, weil die Blutung einer Platzwunde über dem linken Auge kaum gestoppt werden kann. In der 30. Minute verdaddeln die Schiedsrichter die Wiedereinwechslung von Subotic, Dortmund gerät in Unterzahl, Ecke, Subotic zu spät, 1:0, Klopp rastet aus. Die Bilder einer grotesk verzerrten Fratze von Jürgen Klopp, der schlangenartig seinen Unterkiefer aushakt, um sein Opfer, den Schiedsrichter, zu verschlingen, gehen um die Welt.

*Wutausbruch am Vesuv*, schreibt eine Gazette am nächsten Tag, *Trainer verliert das Gesicht* eine andere. In der 31. Minute folgt die Rote Karte für den Trainer und die Verbannung auf die Tribüne, wo es Klopp zwischen Neapel-Fans aber nicht lange aushält und in die Katakomben des Stadions flieht. Er bleibt verschwunden, und ob er noch mitbekommt, dass auch sein Tormann Roman Weidenfeller mit Rot vom Platz fliegt und sich ein dramatischer Torlauf am Ende nicht auszahlt, weiß niemand. Klopp lüftet das Versteckspiel

auf der Pressekonferenz: Er war vom Stadion-Hausmeister Vincenzo Gerrone aufgenommen worden und schaute sich das Drama auf dessen privatem Fernseher an. *Klopp war total nett*, gibt der später zu Protokoll, *das war der schönste Besuch seit Diego Maradona.*

**32 Minute: 09.08.1986, Bayern – Dortmund:** Die Angst des Stürmers vorm leeren Tor: Beim Stande von 1:1 spielt Dortmunds Thomas Helmer einen klugen Pass auf den sich geschickt hinter Dieter Hoeneß verbergenden Frank Mill. Der *mit allen Abwassern gewaschene* (Norbert Dickel) Mill hat sich davongestohlen und läuft im aerodynamisch umstrittenen neuen Dortmunder Auswärtstrikot aus Ballonseide allein auf das Tor der Münchener zu.

Torhüter Jean-Marie Pfaff ist seinem Kasten enteilt. Der quirlige Mill hat den Weltklassetorwächter nach Vorbild Carlo Thränhardts übersprungen und befindet sich mutterseelenallein auf dem Weg zum Tor. Nichts kann ihn aufhalten. Keiner der anwesenden 31.000 im Olympiastadion. Kein Schieds- oder Linienrichter. Kein neues Auswärtstrikot. Auch die hochgelobte Bayern-Abwehr hat den Ernst der Lage erkannt. Eder, Hoeneß und Augenthaler harren daher an der Mittellinie aus, um Kräfte für den folgenden Anstoß zu sparen.

Im Strafraum des Gegners gelingt Frank Mill unbeabsichtigt eine Weltpremiere: der berühmte Knoten-in-Mills-Beinen. Er gerät ins Stolpern, kann aber die Balance geradeso wahren. Im Hintergrund macht sich Bayerns Erfolgstrainer Udo Lattek keine große Hoffnung und versucht in einem Akt letzter Verzweiflung, den Ball zu hypnotisieren. Dortmunds Coach Reinhard Saftig reißt schon mal die Arme in den Himmel.

Mill hat es in den Fünfmeterraum geschafft! In vorbildlicher Schusshaltung macht er sich daran, seinen Alleingang zu krönen. Geschätzte 57 Zentimeter liegen noch zwischen Ball und Torlinie. Als einziger Bayer hat Pfaff die Hoffnung nicht aufgegeben und pflügt den frisch gesäten Rasen um, so wie er es in Belgien in frühester Kindheit gelernt hat. Der nun von Mill geschobene Ball landet am Innenpfosten und springt ins Feld zurück.

Umgehend wird Frank Mill klar, was ihm blüht. Keine Pannen-Videosammlung ohne diese Szene. Mill ahnt in diesem Moment, dass es eines Tages das Internet geben wird, dessen digitale Enzyklopädien seinen Kunstschuss unauslöschlich als *tollsten Pfostenschuss der Nachkriegszeit* preisen.

**33 Minute: 23.06.1994, Los Angeles, WM-Gruppenspiel, USA – Kolumbien:** Kolumbiens Nationalverteidiger Andrés Escobar schießt ein fatales Eigentor, Kolumbien verliert 2:1 und fliegt als Gruppenfavorit aus dem WM-Turnier. BBC-Kommentator Alan Hansen sagt während der Live-Übertragung: *Für so einen Fehler müsste der Spieler eigentlich erschossen werden.* Er weiß nicht, was er da sagt. Zehn Tage nach seinem Missgeschick stirbt Escobar auf dem Parkplatz einer Bar in Medellín, durch zwölf Kugeln. Augenzeugen berichten, der Todesschütze Humberto Muñoz habe bei jedem der zwölf Schüsse »Tor!« gerufen. Die Medien munkeln, das Kartell der kolumbianischen Drogenbosse hätte große Summen auf die Nationalelf gesetzt. Muñoz, ein früherer Leibwächter, wird zu 43 Jahren Gefängnis verurteilt. 2001 wird die Strafe auf 26 Jahre reduziert, im Oktober 2005 wird er nach elf Jahren Haft wegen guter Führung entlassen. Der Pokal der Straßenfußball-Weltmeisterschaft wird nach dem Ermordeten benannt: Copa Andrés Escobar.

**34 Minute: 19.08.1989, DFB-Pokal 1. Runde, Frankfurt – Bayern:** Bayern-Libero Augenthaler bemerkt, dass Eintracht-Torhüter Uli Stein zu weit vor seinem Tor steht und schießt vom Anstoßkreis. Uli Stein wird überlupft, der Ball senkt sich über ihn hinweg ins Tor. Ein Tor des Jahrzehnts. Nur noch über-

boten von David Beckhams 60-Meter-Schuss 1996 für ManU gegen Wimbledon, Großbritanniens »Tor des Jahrhunderts«. Jahre später erinnert sich Augenthaler: *Solche Weitschüsse kann man natürlich nicht trainieren, höchstens die Schusstechnik. Ich habe das schon in frühester Jugend gemacht. Damals haben wir schon auf große Tore gespielt. Die Torhüter kamen meistens nicht an die Latte ran, weil sie zu klein waren. Aber ich war einer der Kräftigsten in meiner Altersklasse, und deshalb habe ich damals schon öfter aus 30 Metern draufgehalten. Wenn der Ball hoch genug war, ging er auch fast immer rein.*

**35 Minute: 05.09.1998, Valetta, Rumänien – Deutschland:** Im zweiten Spiel der Malta-Reise gerät Deutschland per Foulelfmeter in Rückstand. Das 1:1 am Ende bedeutet auch das Ende von Berti Vogts, des nach gewonnenen Spielen erfolgreichsten deutschen Bundestrainers (→ 13.) – sowie natürlich das Ende der Kohl-Ära. Ein kurzer Abriss der Trainer-Kanzler-Vergleiche:

Wenn man wirklich das alte Spiel der Analogien zwischen Fußball und Politik bemühte, würde man eben Vogts zu Kohl und Sepp Herberger (geb. 1903, Nazi-Funktionär und »Reichstrainer«, der nach der Kapitulation aus seinem Bunker an der Bergstraße die Überlebenden sammelte, neue »Männer« rekrutierte und mit ih-

nen 1954 Weltmeister (→ 84.) wurde) zu Konrad Adenauer stellen, den ersten Kanzler der Bundesrepublik. Aber dann? Beckenbauer (geb. 1945, ein nachkriegsgeborenes Postlerkind, das inmitten eines Wirtschaftswunders aus den Trümmern von München-Giesing fußballspielend emporstieg auf den Gipfel der Welt; geprägt von einem autoritären Vater, autoritären Trainern und der »Bild«-Zeitung) entzieht sich allen Analogien, denn er ist solitär. Gott sei Dank.

Es gibt liebe Menschen, die in dieser Situation mit seinem »Gegenspieler« Günter Netzer daherkommen. Der Franz CSU, Restauration, der Günter Aufbruch, 1968. Lasst es stecken, Kinder. Erstens ist Netzer trotz EM-Titel 1972 und WM-Titel 1974 eine Petitesse der deutschen Fußballgeschichte, deren Bedeutung von sentimentalen Ästheten dramatisch überschätzt wurde. Zweitens war er mitnichten der fußballerische Ausdruck der Ostpolitik Willy Brandts oder dessen tricky Wahlkampfslogan »Mehr Demokratie wagen«. Netzer war ein autoritärer Chef, der in kapitalistischen Ausbeuterstrukturen regierte: Die anderen mussten malochen, er spielte die schönen Pässe und fuhr danach mit dem Ferrari davon. Heute ist er multivernetzter Unternehmer, während sein Diener »Hacki« Wimmer sich sein künstliches Hüftgelenk vom Mund abspart – das er braucht, weil er immer für Netzer mitgerannt ist. Nein: Beckenbauer und Netzer sind nicht Gegensätze. Sie sind zwei Unternehmer, die sich

seit Ende der Sechzigerjahre augenzwinkernd den Markt teilen zwecks beiderseitiger maximaler Gewinnabschöpfung.

Bundestrainer Jürgen Klinsmann (geb. 1964, Bäckersohn aus der Nähe von Stuttgart, aufgewachsen in Frieden und relativem Wohlstand; geprägt von der speziellen, familiären Erfahrung, wie früh man aufstehen und wie hart man arbeiten muss, um es zu etwas zu bringen) erinnerte mit seinem Amerika-Fimmel und seiner ständigen Betonung von »Werten« an die Merkel-CDU. Diese Aufladung von »team spirit«, bei der jede E-Mail zum Gebet wurde, während auf dem Platz Innenverteidiger standen, die keinen geraden Ball spielen konnten, das war doch wie der Versuch der Union, Deutschland auf Kinderzeugen und die Familie einzuschwören, während die Kitas verrotteten oder geschlossen wurden.

Der strenge Jogi Löw passt nun wieder nicht so gut zur weich gewordenen CDU und einer Teflon-Merkel, deren größte emotionale Momente tatsächlich im Fußballstadion stattgefunden zu haben scheinen. Immerhin: Die Amtszeiten nähern sich an.

**36** **Minute: 28.06.2012, Warschau, EM-Halbfinale, Deutschland – Italien:** Welch Triumph! Und was für eine Pose! Testosterontrunkene, archaische Sixpack-Männlichkeit. Gleichzeitig sehr peinlich und absolut imposant. Ein Mann, der

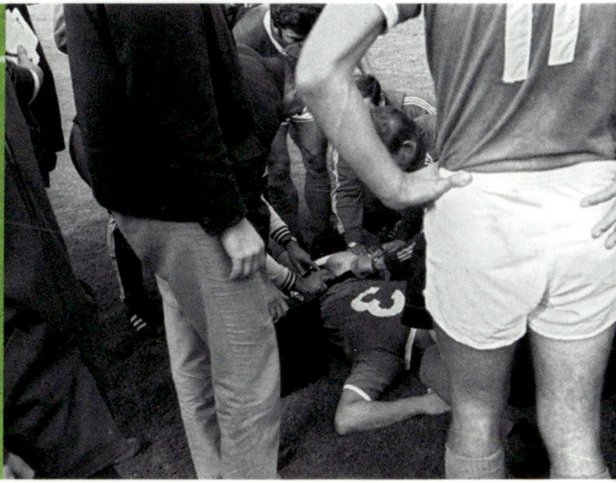

seinen wie aus schwarzem Marmor gemeißelten Körper zur Schau stellt, die mächtigen Muskeln angespannt, die tief hängenden Fäuste geballt, der Blick: eingefroren.

Mario Balotelli, als Kind ghanaischer Eltern in Palermo geboren, von den Tifosi argwöhnisch beäugt als Rüpel mit Irokesenfrisur, wusste, dass er in diesem Moment ein italienischer Held geworden war. Er verzog keine Miene, bis die heranstürmenden Teamkollegen ihn endlich erreichten. Dann lachte er.

Das, wie sich zeigen sollte, spielentscheidende Tor zum 2:0 war nach blitzschnellem Angriff und klugem Pass Riccardo Montolivos über das halbe Spielfeld gefallen. Balotelli hatte beim Spurt um diesen Ball im Mittelfeld Philip Lahm abgeschüttelt wie einen lästigen Wadenbeißer und den Ball über Manuel Neuer hinweg ins Tor gedroschen. Der Treffer selbst war wunderschön. Der Jubel ein Epos.

**37 Minute: 06.09.1969, Dortmund – Schalke:** Hans Pirkner schießt im ehrwürdigen Stadion »Rote Erde« das 0:1 für Schalke, woraufhin Schalke-Fans den Rasen stürmen. Die Schalker Spieler stehlen sich vom Feld, ein Dortmunder Ordner lässt seinen Schäferhund von der Leine: »Rex«, so hieß das Hündchen, beißt Schalke-Spieler Friedel Rausch in den Arsch. Hose blutdurchtränkt. Tragbahre. Tetanusspritze. Aufräumarbeiten. Rausch spielte

weiter. O-Ton Rausch: *Die Schmerzen waren tierisch* (klar doch). *Ich schlief 14 Tage nur auf dem Bauch, bekam später von Borussia Dortmund Schmerzensgeld. 300 DM für eine durchlöcherte Pobacke. Später wurde ich auf den Spielfeldern oft von den Gegenspielern mit »Wau-Wau« empfangen. Und natürlich kam auch die Frage auf, was gewesen wäre, hätte das Biest mich vorne gebissen. Ich sagte dann immer: Dann hätte der Köter seine Zähne verloren.*

**38 Minute: 15.05.2010, London, FA-Cupfinale, Chelsea London – Portsmouth:** Schnell stand fest: Dieser Grätsch-Tritt von Kevin-Prince Boateng würde Michael Ballack die WM kosten. Die begann keinen Monat später, ein gerissenes Syndesmoseband braucht mehr Heilungszeit. Doch wer ahnte schon, dass Ballack nie wieder für die deutsche Nationalelf spielen würde? Ein Jahrzehnt lang hatte er geackert, damit die Rumpelfüßler auch Lichtblicke erlebten. Am Ende hatte er die jungen Wilden kurz gehalten, womit er sich nicht viele Freunde machte. Und während er, der Capitano, nicht fassen konnte, dass ihn die eigenen Leute nun schamlos vom Thron stießen, machte der ghanaische Nationalspieler Boateng als coole Socke international Karriere. Heute liest er nach eigener Auskunft lieber Shakespeare im Original statt in echt den bösen Buben zu geben. Der Junge aus dem Wedding könnte Ballack,

dem Fußballrentner aus Sachsen, in die Intrigen der Weltliteratur einführen. Ballack sammelt inzwischen Kunst. Eigentlich müssten die beiden noch ziemlich beste Freunde werden.

**39 Minute: 04.07.1998, Lyon, WM-Viertelfinale, Deutschland – Kroatien:** Christian Wörns foult und sieht Rot. Deutschland verliert 0:3. Nach dem Spiel sagt Bundesberti den kryptischen Satz: *Das haben andere zu verantworten* – und reiht sich damit in diese Liste der Trainer mit Hang zu Verschwörungstheorien ein. Ein paar erlesene Beispiele:

Christoph Daum über die Presse: *Im Vergleich zu den Artikeln, die sie schreiben, sind die Märchen aus Tausendundeiner Nacht empirische Untersuchungen.*

Lothar Matthäus über den DFB: *Gewollt hab ich schon gemocht, aber gedurft ham sie mich nicht gelassen.*

Werner Lorant über Schiedsrichter: *Das kann ich einmal so entscheiden und einmal so entscheiden, aber darf es nie so entscheiden.*

Otto Rehhagel über Frank Mill: *Der Mill verarscht uns schon seit Jahren.*

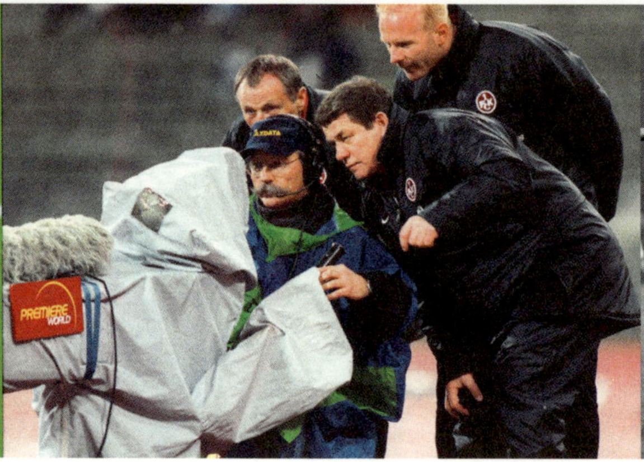

Franz Beckenbauer über die Chance, WM-Gastgeber zu werden: *Als wir die Kampagne vor vier Jahren begonnen haben, standen wir bei null Komma null Point null Prozent.*

**40 Minute: 26.09.1998, Kaiserslautern – Bochum:** Durch die Hereinnahme des Nigerianers Pascal Ojigwe hat Meister-Coach Otto Rehhagel das erlaubte Ausländerkontingent von drei nicht-europäischen Spielern auf vier erhöht. Mit Ojigwe stehen die Ägypter Hany Ramzy und Samir Ibrahim sowie der Brasilianer Ratinho auf dem Feld. Als Rehhagel seinen Fauxpas unmittelbar nach dem Missgeschick erkennt, spielen sich im Fritz-Walter-Stadion groteske Szenen ab. Libero Ramzy fällt nach gemütlichem Trab plötzlich um, krümmt sich vor Schmerz und wird in Minute 43 durch Harry Koch ersetzt. Zu spät, Bochums Trainer Klaus Toppmöller macht Schiedsrichter Dr. Franz-Xaver Wack in der Halbzeitpause auf die Regelwidrigkeit aufmerksam. Rehhagel lässt sein Team die Partie zielstrebig verlieren und entschuldigt sich nachher für den Fauxpas. 1992 begeht Christoph Daum selbigen im Spiel Stuttgart – Leeds, nur folgenschwerer: Hohn, Pokal-Aus, Drogenkonsum, Exil.

**41 Minute: 08.05.1974, Rotterdam, Europacup der Pokalsieger, Finale, AC Mailand – Magdeburg:** Mailands Lanzi lenkt eine Flanke des Magdeburgers Raugust ins eigene Tor. Der AC Milan, mit Spieler Schnellinger und Trainer Trapattoni, verliert gegen namenlose Sozialisten. In der Kabine feiern die Magdeburger mit drei Flaschen Rotkäppchen-Sekt. Eine Erinnerung an den größten DDR-Fußballerfolg:

*Neunzehnhundertvierundsiebzig*
*8. Mai, im »Kuip« von Rotterdam*
*10 Uhr abends hielt der Paule Seguin*
*Den Europacup in seiner Hand.*
*Sieben Tränen muss ein Clubfan weinen ...*
(Magdeburger Fangesang)

Das Ernst-Grube-Stadion ist nicht mehr. Auch nicht das alte Verwaltungsgebäude nebenan, das aussah, als hätten die Bauarbeiter Magdeburgs übrig gebliebene Betonplatten des Wohnungsbauprogramms in unbezahlten Subbotniks zu einem Zweigeschosser zusammengesetzt. Der 1. FC Magdeburg kickt in der Regionalliga, das neue Stadion heißt »MDCC-Arena«. Die alte Arena ist abgerissen, an den größten Tag der DDR-Fußballhistorie erinnert: nichts. Die

vier Sperrholztafeln, die früher im Gang neben den Umkleideräumen hingen, ruhen im Archiv. Übrig waren eh nur Tafel 6, 8, 11 und 12. Tafel 13 mit dem Sieg des Europapokals fehlte schon länger. Vielleicht hat ein Fan sie sich ins Wohnzimmer gehängt.

Der Weg war lang bis zum Finale von Rotterdam. Zuerst einmal musste der FDGB-Pokal gewonnen werden. Das Finale gegen Lokomotive Leipzig gewann Magdeburg mit 3:2, das entscheidende Tor schoss Jürgen Sparwasser. Und in welcher Minute? Natürlich in der 77., offensichtlich eine Lieblingsminute von ihm, denn einen Monat später im Hamburger Volksparkstadion hielten die Zeiger der Uhr an derselben Stelle (→ 77.). In seinem Buch »90 Minuten Klassenkampf. Das Länderspiel BRD–DDR 1974« hat Thomas Blees mühsam errechnet, dass Sparwasser in seinen 33 Länderspielen bis 1974 zehn Tore geschossen hat, davon drei in der 77. Minute, was sagenhafte 30 Prozent ergibt. Offensichtlich galt das nicht nur für Länderspiele.

Die Europacupserie begann der FCM gegen NAC Breda und Baník Ostrava, im Viertelfinale besiegte man Beroe Stara Sagora durch ein 2:0 und ein 1:1. Beroes stellvertretender Vorsitzender sagte nach der Niederlage dem »Sportecho«: *Wir sollten uns damit trösten, dass sozialistische Freunde den Einzug ins Halbfinale erreicht haben.* Derart kommunistisches Bruderverhalten konnte der 1. FCM für die nächste Runde nicht erwarten. Doch gegen Sporting Lissabon, dreizehnfacher

Landesmeister, hielt Torwart Ulrich Schulze das 1:1 im Hinspiel fest. Die Stadt Magdeburg dankte es Schulze mit einer Bronzeplastik auf der kurze Zeit später angelegten Promenade der Völkerfreundschaft.

Beim Rückspiel in Magdeburg schoss Pommerenke nach neun Minuten das erste Tor, nach der Pause bei strömendem Regen traf Sparwasser in der 68. Minute zur 2:0-Führung, in der 78. traf diesmal der Gegner, der Abpfiff kam wie eine Erlösung. Zum ersten Mal in der Geschichte stand eine DDR-Mannschaft im Europapokalfinale.

Der Kreis schloss sich in Rotterdam. Alle wussten, dass sie als krasse Außenseiter am 8. Mai in den »Kuip« gingen, wo sie der zweimalige Sieger AC Mailand erwartete. Milan galt als haushoher Favorit und tat schon vor dem Spiel so, als gäbe es keinen Zweifel, wer als Sieger vom Platz gehen würde. FCM-Trainer Heinz Krügel erinnert sich: *Damals war der Trainer vom AC Mailand der Trapattoni, sehr junger Trainer noch, und es waren Spieler in der Mannschaft wie Rivera, Weltfußballer des Jahres, und Schnellinger.* Außerdem Torwart Pizzaballa, Bergamaschi, Anquiletti, Lanzi, Sabadins, Benetti, Maldera und die Stürmer Tresoldi und Begon. Bei Magdeburg stand im Tor Uli Schulze, Zapf war Libero, Enge, Abraham und Gaube in der Verteidigung, im Mittelfeld spielten Seguin, Pommerenke und Tyll, und vorn standen die Jüngsten, Raugust und Hoffmann, die Sparwasser in die Mitte genommen hatten.

Das TV-Programm in der »Volksstimme« führte keine Fußballübertragung auf. Auf DDR 1 stand um 20 Uhr anlässlich des Tages der Befreiung ein »sowjetisches Filmkunstwerk« namens »Im Morgengrauen ist es noch still« auf dem Programm, auf DDR II war »Mit Lutz und Liebe« angekündigt und bei Radio DDR II sollte ab 20:30 Uhr »Unterwegs mit Moskauer Studenten« laufen. In derselben Minute begann in Rotterdam bei strömendem Regen das Spiel. Es gab aber dann doch eine TV- und Radio-Übertragung. Und auch wenn diese nicht angekündigt waren – an diesem Abend schienen die Straßen von Magdeburg wie leergefegt zu sein. Giovanni Trapattoni hatte im Vorfeld prophezeit: *Wer das erste Tor schießt, gewinnt.* Das erste Tor schoss Mailand, allerdings in die eigenen Maschen, als Lanzi in der 41. Minute eine Flanke Detlef Raugusts ins für ihn falsche Tor lenkte. Nach dem Wechsel bestimmte Magdeburg zunehmend das Spiel. In der 75. Minute schoss Seguin aus spitzem Winkel zum 2:0 unter die Latte. Dabei blieb es, und um 22:15 Uhr war die Überraschung perfekt. Die Magdeburger, Durchschnittsalter 23 Jahre, hatten über die Weltstars mit ihrem berühmt-berüchtigten Catenaccio triumphiert.

Der Jubel in Rotterdam hielt sich in Grenzen, es war mit nur 5.000 zahlenden Zuschauern das am schlechtesten besuchte Europacupfinale der Geschichte. Die 350 Magdeburger Schlachtenbumm-

ler, unter ihnen auch Matrosen von fünf DDR-Handelsschiffen, die im Hafen von Rotterdam lagen, waren handverlesen. Heinz Krügel ärgert sich noch heute darüber: *Beim Endspiel, das war das Traurige, waren leider nur 5.000 Zuschauer, und ich weiß nicht, ob es fünf oder sechs Flugzeuge von uns waren, aber leider waren das nicht immer die Fans, die man brauchte, da waren auch Leute dabei, die erstmal gefragt haben: Wer ist denn hier der 1. FC Magdeburg?* Nach dem Sieg hüpften die Magdeburger, ausgelassen wie kleine Jungen, in ihren weißen »Malimo-Bademänteln« um das Rotterdamer Spielfeld, allen voran Manfred Zapf, den Silberpott schwenkend. In der Kabine wurde dieser mit dem besagten Rotkäppchen-Sekt gefüllt, den Mannschaftsleiter Günter Behne beim Abflug in Schönefeld heimlich gekauft hatte. Im Hotel in Katwijk ging die Feier weiter, denn als sich der Sieg in dem kleinen Ort herumgesprochen hatte, strömten die Holländer an den Strand, um den bis dato unbekannten Magdeburgern zu gratulieren.

Als die Sieger am 9. Mai 1974 auf dem Flughafen Schönefeld landeten, warteten statt der obersten Funktionäre nur die Stellvertreter der Bezirksleitung auf die Siegermannschaft. Die BRD hatte zwei Tage vorher eine ihrer größten politischen Krisen durchlebt, die Guillaume-Affäre, die mit dem Rücktritt Willy Brandts endete. Die DDR-Führung betrachtete die Affäre zynisch als innere Ange-

legenheit der BRD, dabei hatte sie Guillaume zu Brandt ins Nest gesetzt. Es war ruhig in der DDR, aber natürlich hatten am Abend zuvor alle vor dem Fernseher gesessen. Der Jubel der Magdeburger Bevölkerung war in der ganzen Stadt zu hören gewesen. Am nächsten Morgen machte die Magdeburger »Volksstimme« mit der Überschrift *Feierliche Ehrung für sowjetische Helden* auf, das Foto zeigte uralte Kader, wie sie am sowjetischen Ehrenmal in Berlin-Treptow Kränze niederlegten. Rechts oben auf die Seite hatte man ein *1. FC Magdeburg – AC Mailand 2:0* gequetscht. Auch einen Tag später stand unter *Bravo, 1. FCM* nur eine Spalte auf der ersten Seite, viel wichtiger war der 10. Kongress der Deutsch-Sowjetischen Freundschaft.

Am gleichen Tag kamen Tausende schon lange vor der geplanten Ankunftszeit um 17 Uhr unaufgefordert auf den Alten Markt, um ihren FCM zu begrüßen. Solch eine Kundgebung hatte Magdeburg zu DDR-Zeiten weder vorher noch nachher gesehen. Die Partei- und Staatsführung schickte Glückwunschtelegramme, derweil die Magdeburger den Langhaarigen zujubelten, die auf der provisorischen Lastwagenbühne standen und strahlten. Das »Sportecho« schrieb: *Mannschaftsarzt Heinz Eckardt gestand später, dass sich nicht wenige verstohlen die Tränen aus den Augen gewischt hätten.* Die Mannschaft wusste noch nicht, dass sie am Zenit ihres Erfol-

ges angekommen war. Wie in den antiken Tragödien saßen diejenigen schon mit in der Runde, die zwei Jahre später dem Cheftrainer Heinz Krügel den Todesstoß versetzen sollten.

**42 Minute: 03.06.1978, Córdoba, WM-Gruppenspiel, Peru – Schottland:** Peru gleicht aus gegen Schottland, später siegen die Peruaner durch zwei Tore von Cubillas 3:1, Schottland scheitert in der Vorrunde – Grund genug für schottische Fans, Morddrohungen wider das Lama von Edinburgh auszusprechen.

Die Schlagzeile hatte vier Wörter. Es war die Schlagzeile an sich, die zugleich das Ende aller Schlagzeilen kündete, unüberbietbar in ihrer lakonischen Kürze, unüberbietbar in der Wucht ihrer Aussage. Sie erschien auf schwarzem Untergrund und die halbe Seite 1 füllend am 8. Juni 1978 im »Scottish Daily Express« und formulierte die Apokalypse: *End of the World*. Eine Ufo-Landung? Ein Erdbeben? Anschlag auf die Whisky-Vorräte der großen Destillerien? Es war Schlimmeres geschehen: Im fernen Argentinien hatte am Abend zuvor ein ölgesegnetes Land namens Iran ein ölgesegnetes Land namens Schottland gedemütigt und aus den Fugen seines Selbstvertrauens gehoben. Sie hatten 1:1 gegeneinander gespielt. Es bedeutete im Effekt, dass die Schotten nicht Weltmeister werden konnten.

Ungerührt reagierten eigentlich nur die großen Brauereien. Sie hatten guten Grund dazu, denn nur wenige Tage zuvor, beim ersten Spiel der Schotten gegen Peru, hatten sie erfahren, dass sie unabhängig von den Ereignissen in Argentinien stets Sieger bleiben würden. Ein »Sunday-Times«-Journalist hatte eine Reihe von schottischen Fußballfans befragt: *Was macht ihr, wenn wir Peru schlagen?*

Einstimmiger Chor: *Uns sinnlos besaufen.*

*Und nach einem Unentschieden?*

Genauso: *Uns sinnlos besaufen.*

*Und nach einer Niederlage?*

Verblüfftes Schweigen. Dann der erlösende Einfall: *Durch Glasgow laufen, jeden verprügeln, der aussieht wie ein verdammter Peruaner, und uns dann sinnlos besaufen.*

Das Unsagbare geschah: Schottland verlor 1:3. Am nächsten Tag meldete der »Mirror«, dass das einzige Lama im Zoo von Glasgow Sonderbewachung erhalten habe. Es stammte aus Peru. Dem peruanischen Generalkonsul de Rivero kamen wochenlang Prügelangebote ins Haus. Er flüchtete sich schließlich in die Öffentlichkeit mit dem begütigenden, aber nichtsdestoweniger weltfremden Satz: *Es ist doch nur Sport!* Fußball ist in Schottland niemals nur Sport gewesen. Es gibt nirgendwo Fußballanhänger, die sich so unbedingt, so rückhaltlos und so selbstquälerisch mit ihren Mannschaften identifizieren. Denn

der Fußball hat den Schotten seit seiner Erfindung gegeben, was die Politiker ihnen seit 1707 verwehren: die Autonomie. Denn im Fußball wie im Rugby gibt es kein Vereinigtes Königreich. Hier gibt es fein säuberlich getrennt nur England, Schottland, Wales und Nordirland. Und wenn sie gegeneinander antreten, dann sind das nicht irgendwelche provinziellen Ereignisse, sondern Länderspiele.

1976 widerfuhr im Wembley-Stadion zu London den Schotten ein Glückserlebnis, wie es seit Jahrhunderten keines ihrer Geschichtsbücher mehr zu künden vermag: Sie besiegten England. Und das auch noch auf feindlichem Boden. Nach dem Schlusspfiff geschah das Unvermeidliche: Sie stürmten aufs Spielfeld, zerkleinerten innerhalb weniger Minuten das englische Tor und nahmen die Trümmer als Andenken mit nach Hause. Und als das Tor aufgeteilt war, begannen sie den Rasen auszubuddeln und trugen ihn quadratmeterweise heim, wo er heute noch in vielen Vorgärten einen Sonderplatz hat.

Der schottische Nationalismus ist kein bösartiges Phänomen und kein Kind der Gewalt. Er ist exzentrisch, gewiss, aber undogmatisch – trotz allem Fanatismus, der durchschimmert. Diese schottischen Nationalisten sind Nationalisten mit großem Augenzwinkern. Sie sind sympathischer, als sie sich geben.

Da bei vielen Schotten das karge Finanzvolumen gerade zur Deckung der Anreise zu großen Fußballereignissen reicht, sind

sie seit vielen Jahren zum Schrecken aller britischen Botschaften geworden. So fand der britische Botschafter in Lissabon 1967 am Morgen, nachdem Celtic Glasgow Europapokalsieger geworden war, eine ganze Truppe betrunkener mittelloser Fans auf seinem Botschaftsrasen. Ein weibliches Mitglied der Botschaft erinnerte sich: *Mich wunderte ja nicht so sehr, dass sie alle kein Geld mehr besaßen und manche sogar die Pässe verloren hatten. Doch einige von ihnen hatten auch keine Hosen mehr.*

**43 Minute: 10.10.1974, Lauter – Leipzig:** Empor Lauter besiegt SC Rotation Leipzig mit 2:0 und erklimmt Platz zwei in der DDR-Oberliga, direkt hinter Dynamo Berlin. Es bleibt die beste Platzierung. Gut einen Monat später wird aus Lauter Rostock. SED-Bonze Harry Tisch hatte die Spieler aus der sächsischen 5.000-Seelen-Gemeinde kurzerhand samt Familien nach Rostock umgesiedelt, da es dort noch keinen guten Klub gab. Sang- und klanglos. Ein paar Jahre später hieß Empor Hansa. Dasselbe passierte im gleichen Jahr mit Wismut Aue, das Karl-Marx-Stadt versprochen worden war. In England wäre so was niemals möglich. Als der FC Wimbledon 2002 entschied, ab sofort in der mehr als 100 Kilometer entfernten Stadt Milton Keynes zu spielen, gründete eine Fangruppe kurzerhand den AFC Wimbledon. Der erreichte prompt einen Zuschauerschnitt

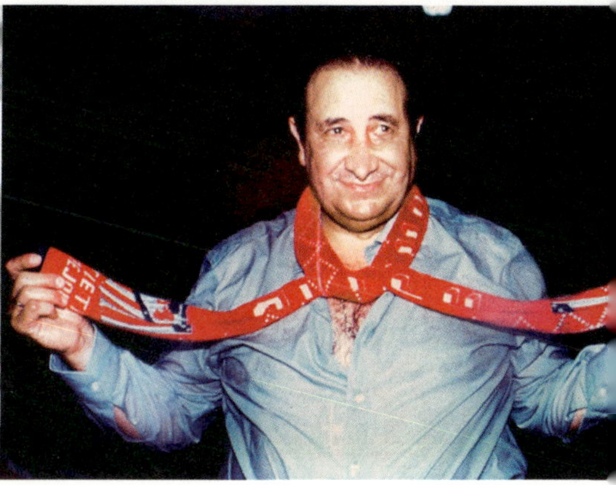

von 8.800 (in der 8. Liga), den FC in Milton Keynes hingegen wollten in der zweiten Liga nur mehr 2.000 Leute sehen. Allerdings haben die Briten längst nicht so tolle Namen wie die DDR-Vereine. Eine Hitliste:

1. Empor Lauter; 2. Fortschritt Meerane; 3. Anker Wismar; 4. Horch Zwickau; 5. Vorwärts Schwerin; 6. Aktivist Brieske-Ost; 7. Einheit Pankow; 8. Aufbau Magdeburg; 9. Lokomotive Stendal; 10. Turbine Potsdam

**44 Minute: 26.04.2003, Atlético Madrid – Osasuna:** Es war nicht irgendein Samstag, sondern der 100. Geburtstag seines Klubs Atlético Madrid, und es war nicht irgendeine Niederlage, sondern eine klägliche Heimpleite seines mit Stars (Emerson, Albertini, Sergi, Luis García) gespickten Teams im heimischen Estadio Vicente Calderón gegen CA Osasuna. Iván Rosado brachte die Gäste in Führung, danach passierte auf dem Platz nicht mehr viel. Dafür nach dem Spiel umso mehr. Präsident Jesús Gil y Gil dokumentierte den Ernst des Profisports, indem er seinen Spielern kollektiv die Existenzberechtigung absprach: *Sie haben es nicht verdient zu leben!* Niemand war deftiger, ehrgeiziger, größenwahnsinniger als er: 1996, nach dem Gewinn des spanischen Doubles, ritt Gil y Gil auf einem Elefanten durchs Stadion. Die Justiz war ihm

stets auf den Fersen, die Fans der Rojiblancos ertrugen ihn eher, als sie ihn liebten – so wie Chelsea-Fans heute Abramovics Scheckbuch ertragen. Für Gil y Gil war der Fall klar: *Ich bezahle, also mache ich, was ich will.* 28 Trainerrauswürfe in 16 Präsidentschaftsjahren waren die Folge. 2004 erlag Gil y Gil einem Hirnschlag. In bester Erinnerung bleibt seine Antwort auf die Frage, warum er einen Flugzeugträger gekauft habe. *Weil ich noch keinen hatte.*

**45 Minute: 19.04.1980, Dortmund – HSV**: Beinahe wäre er an diesem 19. April 1980 gar nicht erst ins Westfalenstadion hineingekommen. Als Branko Zebec gegen 14 Uhr mit schwankenden Schritten auf den Spielereingang zusteuert, rennt ein Dortmunder Ordner auf ihn zu. *Betrunkene dürfen hier nicht rein!* Sein Kollege fährt dazwischen. *Vorsicht!*, zischt er, *das ist doch der Zebec!* Die Ordner gehen zur Seite und schauen der Trainerlegende ungläubig hinterher. Um 15:30 Uhr sitzt Branko Zebec mit glasigem Blick auf der Bank des Hamburger SV. Pünktlich. Einer seiner Spieler verspätete sich beim Training in der Saisonvorbereitung um sechs Minuten. Zebec ließ den Vertrag auflösen. Wer beim Trainingslager nicht rechtzeitig am Mittagstisch saß, musste hungern.

Gegen den Weltklassetrainer Branko Zebec, der Franz Beckenbauer und Gerd Müller formte, Kevin Keegan in eine Lichtgestalt und

Horst Hrubesch in einen Fußballer verwandelte, gegen den Disziplinfanatiker Branko Zebec, der Meister wurde mit Dinamo Zagreb, Bayern und dem HSV, der Raumdeckung spielen ließ, als deutsche Übungsleiter noch dachten, das sei ein anderes Wort für Tapezieren, gegen diesen Branko Zebec, der seine Fußballer beschimpfte, belehrte, liebte und trat, ist Felix Magath ein Kuschelpädagoge.

Im April 1980 steht der Hamburger SV vor den wichtigsten Wochen der Vereinsgeschichte. Die Mannschaft ist teuer, der Verein hat Schulden. Um seinen Meistertitel zu verteidigen, darf der Tabellenführer keinen Punkt mehr abgeben. In drei Tagen kommt Real Madrid zum Halbfinal-Rückspiel im Europapokal der Landesmeister. Das Hinspiel ging 0:2 verloren. Real gilt als beste Elf der Welt.

Branko Zebec sitzt auf der Bank und starrt ins Nichts. Seine getönte Brille ist verrutscht, das Haar zerzaust. Immer wieder sackt der Kopf zur Seite. Am Abend vor dem Spiel hat ihn die Polizei mit 3,25 Promille auf der Autobahn gestoppt. 60 Kilometer von Dortmund entfernt. Seine Bauchspeicheldrüse ist zerfressen. Der Magen brennt. Aber er sitzt jetzt auf dieser Bank, muss jetzt hier sitzen, das ist sein Platz, seiner allein. *Ich halte alles zusammen, die Spieler brauchen Führung*, hat Branko Zebec sein Prinzip erklärt. *Einer muss das tun.* Wo er als Trainer arbeitete, buchte er die Hotels, bestellte er das Essen, suchte die Kleidung aus und die beste Route für die Fahrt.

Nach 23 Minuten trifft Felix Magath im Westfalenstadion zum 1:0. Als das 2:0 für die Hamburger fällt, ein Eigentor, versucht Zebec zu klatschen, doch seine Hände treffen sich nicht mehr. Nach dem Halbzeitpfiff schleichen die Hamburger Spieler an ihrem betrunkenen Feldherrn vorbei. Co-Trainer Aleksandar Ristic führt ihn in die Kabine. In einer Ecke bricht Zebec zusammen. *Ich kann nicht mehr.* Die zweite Halbzeit, in der Dortmund noch zwei Tore schießt und der HSV den Sieg verschenkt, verschläft der Trainer im Mannschaftsbus.

Dass ausgerechnet an diesem Nachmittag in Dortmund die Lebenslüge des Branko Zebec zerbrach, war Zufall. Es hätte Jahre vorher passieren können. Beim FC Bayern, den er in seinem ersten Trainerjahr zum Double führte, beim VfB Stuttgart, bei Eintracht Braunschweig, wo er auf der Suche nach undisziplinierten Spielern die Kneipen durchkämmte. Und immer öfter selber hängen blieb. Branko Zebec wurde am 17. Mai 1929 in Zagreb geboren. 65 Mal trug er das Trikot der jugoslawischen Nationalelf. Bei Alemannia Aachen klang Anfang der Sechzigerjahre seine Spielerkarriere aus. Zebec galt als schweigsames Arbeitstier und kühler Stratege auf dem Feld. Als Trainer hatte er den mittelmäßigen HSV 1978 innerhalb weniger Wochen zu einer Ausnahmemannschaft geformt. Technisch und taktisch brillant, kühl bis ins Mark. An seinem ersten Tag als Trainer erklärte er der Mannschaft: *Meine Jungen, es ist Schluss*

*mit der Rennerei von links nach rechts, von rechts nach links. Wir spielen Fußball, Fußball.*

Fußball betrieb Branko Zebec wie eine Wissenschaft. Er analysierte und optimierte. Für jede Mannschaft, die er trainierte, fand er eine magische Formel. Manchmal bestellte er im Restaurant während des Essens plötzlich elf Flaschen Mineralwasser, weil ihm eine Idee für einen neuen Spielzug gekommen war. Am Montag nach dem Spiel von Dortmund schien der Rausschmiss von Branko Zebec nur noch eine Frage der Zeit. *Kann sich der HSV Zebec noch leisten?*, fragte das »Hamburger Abendblatt«. Zebec bat um Verzeihung, es tue ihm *unendlich leid*. Seine Frau Dusica, die an jenem fatalen Samstagnachmittag in Zagreb geblieben war, schwor: *Ich lasse Branko nie mehr allein*. Das HSV-Präsidium vertagte sich auf Donnerstag. *Gegen Madrid sitzt Branko Zebec auf der Bank*, erklärte Wolfgang Klein, der Präsident des HSV.

Am Mittwoch, den 23. April 1980, zelebrierte die Mannschaft des HSV ein rauschendes Fußballfest. Nach 17 Minuten stand es 2:0, zur Pause 4:1. Real tauschte den entnervten Torwart aus. In der letzten Minute schoss Caspar Memering das 5:1. Das Finale war erreicht. Um 22:14 Uhr ging Reals Trainer Boskop zu Zebec und gab ihm die Hand. Von ferne sah es aus, als habe er sich dabei verneigt. Branko Zebec blickte wie durch ihn hindurch. *Nun ja*, sagte er.

Als es im Europapokalfinale gegen Nottingham Forest ging, begann die Mannschaft defensiv, beinahe ängstlich. Nach 19 Minuten fiel das 0:1. Von da an spielte nur noch der HSV. Kaltz traf den Pfosten, aber niemand mehr das Tor. Bei der anschließenden Feier im »Monte Real« kam es zur Meuterei. Um zwei Uhr nachts schickte Branko Zebec die Spielerfrauen in ein anderes Hotel und seine Männer ins Bett. In drei Tagen stand das letzte Bundesligaspiel an, mit einer winzigen Chance auf den Titel.

Die Spieler tranken einfach weiter, bestellten fünf Taxis und holten ihre Frauen wieder zurück. Um 3:30 Uhr verschwand Zebec stocknüchtern und kreidebleich in sein Zimmer. Das nächste Training sagte er wütend ab. *Mit Betrunkenen trainiere ich nicht.* Am letzten Spieltag gewann der HSV mit 4:0. Doch Bayern siegte auch, und so blieb nur der zweite Platz. *Was interessiert mich Platz zwei?*, sagte Branko Zebec nach dem Spiel, *vom Zweiten spricht niemand.*

Beim Abschlussbankett im noblen Hamburger »Atlantik« ehrte das HSV-Präsidium den Trainer mit einer Medaille. Die Mannschaft klatschte nicht. Am 20. Dezember 1980, am Ende der Hinrunde der nächsten Saison, wurde Branko Zebec entlassen. Der HSV stand zu diesem Zeitpunkt auf Platz 1. Franz Beckenbauer, damals noch Spieler in Hamburg (→ 46.), fuhr bis nach Kitzbühel, um den Präsidenten umzustimmen. In der Rückrunde ohne Zebec fiel der Verein

auf den zweiten Platz zurück. *Das Schlimmste für mich war nicht die Entlassung,* sagte Günter Netzer. *Das Schlimmste war, dass ich Branko Zebec nicht helfen konnte.*

*Alle sagen immer nur Herr Zebec zu mir,* hat Branko Zebec einmal einem Reporter erzählt, als er sehr betrunken war. *Immer Zebec, Zebec. Aber nie sagt einer: Branko, mein Freund.* Branko Zebec starb am 26. September 1988 in Zagreb. Er wurde 59 Jahre alt.

# Pinkelpause

AREVA

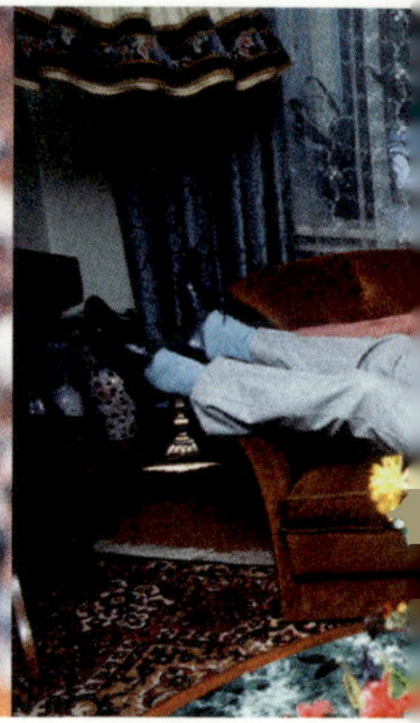

# 46

**Minute: 15.11.1980, Stuttgart – Hamburg:** Nach drei Jahren US-Operettenliga wird Franz Beckenbauer beim Auswärtsspiel des HSV beim VfB zur Pause eingewechselt. Allerdings: Als Schiedsrichter Günter Linn wieder anpfeift, ist Beckenbauer nicht da. 60 Sekunden lang spielt der HSV mit zehn Mann, ehe der Kaiser erscheint. Das Spiel verliert der HSV mit 2:3. Im Jahr darauf aber wird Beckenbauer mit dem HSV Meister. So selbstverständlich, wie er auch Weltmeister wird – als Spieler (→ 82.) und als Trainer (→ Nach dem Spiel). *Der liebe Gott meint es schon verdammt gut mit mir,* fasst er sein Leben zusammen. Wirkte er als Libero oft überheblich, strahlt er seit seinem Abschied als Spieler längst eine randphilosophische Gelassenheit aus. Am liebsten verschenkt er Weisheiten. Die sammelt er wie andere Menschen Autogramme. Viele schnappt er bei seinen Reisen rund um die Welt auf. 250.000 Kilometer waren es mal im Jahr, in anderen zählte sein Filofax 330 Reisetage – als Botschafter für die WM in Russland 2018 sind es nur noch 200. Liebste Nachtlektüre sind Bücher von Laotse, Konfuzius oder Krishnamurti. *Wir leben in einem Paradies, aber der Endlichkeit entkommt keiner. Deshalb sollten wir nicht dauernd jammern, sondern uns das Leben schön machen. Auch wenn die Seele weiterlebt, golfen kann sie nicht.* So was haut er raus, so was wird auf der Tonspur ertönen, wenn Nico Hofmann sein Leben verfilmt.

Man erlebt Manager, Wissenschaftler und Politiker, die ganz ergriffen schweigen, wenn der Mann, in dessen Popularität sie sich so gerne sonnen, Weisheiten so selbstverständlich von sich gibt, als wäre er selbst ein Erleuchteter. Klar, dass alle ihm das »Du« anbieten, ob Edmund Stoiber oder Gerhard Schröder. Promis drängen sich auf Partys neben ihn, denn wo Beckenbauer ist, da ist das Blitzlicht. Er paart Charme und Witz mit bajuwarischer Schlitzohrigkeit, die bei ihm allemal eindrucksvoller rüberkommt als beim Hackl Schorsch oder bei Waldi Hartmann. Er ist ja der Kaiser. Geschliffen zum eloquenten Weltbürger, der in einem Haus im Münchner Schlachthofviertel aufwuchs: *Sechs Parteien teilten sich ein Scheiß-Plumpsklo mit Zeitungspapier. Da musste ich raus.* Kaum ein anderer Sportler scheffelte so viele Millionen. Beckenbauer ist ein Vermarktungsgenie. Erst als Spieler, dann als Nationalcoach, dann als Bayern-Präsident.

*Ich möchte beim Sterben leiden, weil ich den Tod bewusst erleben will. Vielleicht überrede ich dann den lieben Gott, dass er mich als Frau auf die Erde schickt. Dann kann ich Kinder kriegen*, sagte er mal in einem Interview mit »Penthouse«. Und dass er schon ein paar Mal gelebt habe. Als Mensch, als Tier oder als Pflanze. Wenn Beckenbauer redet, hat man immer eine Topstory. Ein uneheliches Kind? *Ja mei, der liebe Gott liebt ein jedes Kind.* Seine Frauengeschichten? *Eine jede hat noch Kontakt mit mir. Wir bleiben eine große Familie, und wenn es in der Familie stimmt, stimmt es auch in der Welt.*

Klar, kein profaner Spruch soll dereinst seinen Grabstein verunstalten. Beckenbauer: *Mein Name genügt.*

**47 Minute: 24.05.1989, Barcelona, Europapokal der Landesmeister, Finale, AC Milan – Steaua Bukarest:** Marco van Basten schießt das 4:0 für das Dream-Team des AC Milan. Ruud Gullit, der ebenfalls schon zwei Treffer markiert hatte, wird bereits zur 59. Minute ausgewechselt. Ovationen. Ehrfurcht. Es ist die erste Krönung der Ära Silvio Berlusconi. Der war 1986 Milan-Präsident geworden, ein Jahr später verpflichtete er Trainer Arrigo Sacchi vom FC Parma. Um die drei teuer eingekauften Holländer Gullit, Rijkaard und van Basten sowie Italiens Nationalspieler Maldini, Baresi und Donadoni formte Sacchi das erfolgreichste und spielerisch innovativste europäische Vereinsteam der Dekade. 1988 wurde man italienischer Meister, 1989 holte das Team den Landesmeisterpokal, den Super-Cup und den Weltpokal. In den Folgejahren wurde AC zum meistgehassten Klub Italiens. Als Milan 2005, kurz nach dem Tod von Papst Johannes Paul II., das Champions-League-Finale gegen Liverpool verlor (→ 54.), lancierten Berlusconi-Hasser ein Foto des polnischen Liverpool-Keepers Jerzy Dudek, darunter die Zeile *Santo Subito* – frei übersetzt: *Sofort heilig sprechen.*

Gullit, Rijkaard und van Basten waren der Beweis, dass der geometrischen Figur des Dreiecks im Fußball eine besondere Bedeutung zukam. Etwas abgemildert durfte man das beim VfB Stuttgart Mitte der Neunzigerjahre erleben, wo Fredi Bobic, Krassimir Balakov und Giovane Elber als »magisches Dreieck« firmierten. Als diese Gleichschenkligkeit beendet war, versuchten die Einzelteile des Dreiecks an die Erfolgszeit anzuknüpfen, was ihnen nie wirklich gelang. Bobic ging irgendwann zu Hertha BSC, wo er eher mit der Anmut eines Quadrats spielte, Elber schoss viele Tore beim FC Bayern und wurde mit Olympique Lyon französischer Meister, aber nie wieder richtig glücklich. Und der Bulgare Balakov tingelte als recht erfolgloser Trainer über den Balkan, bevor er die Fans von Kaiserslautern zur Verzweiflung brachte.

**48** **Minute: 25.01.1995, Crystal Palace – Manchester United:** Obwohl der Ball fern ist, tritt der französische ManU-Star Éric Cantona Crystal-Palace-Verteidiger Richard Shaw um und fliegt vom Platz. Auf dem Weg in die Kabine versetzt er dann einem pöbelnden Crystal-Palace-Fan einen akrobatischen Kung-Fu-Tritt. Cantonas Einlage sowie sein rätselhafter Kommentar *Die Möwen folgen dem Kutter, weil sie damit rechnen, dass Sardinen ins Meer geworfen werden*, tragen dazu dabei, dass er als seltsamer Vogel

in die Fußballannalen eingeht. Ganz knapp entgeht er einer zweiwöchigen Gefängnisstrafe, in den Schulpausen singen die Kinder: *Oh, ah, Cantona, ran away with the teacher's bra.*

Cantona ist Poet und Philosoph und als solcher zugleich die wandelnde Provokation der Stammtische und Liebling der Intellektuellen. Er sagte Sätze wie: *Ein Künstler ist jemand, der einen dunklen Raum erleuchten kann – Der Ball ist wie eine Frau, er mag liebkost werden – Es gibt für mich keinen Unterschied zwischen einem Pass von Pelé und einem Gedicht von Rimbaud.*

Und Cantona schrieb selbst Gedichte, war Autor der »Philosophie de Cantona«, die in Frankreich zum Bestseller wurde, und spielte sich selbst in dem Ken-Loach-Film »Looking for Eric«. Der Schriftsteller Javier Marías, eigentlich Real-Madrid-Fan, unternahm nach dem Kung-Fu-Ausraster eine Ehrenrettung: *Hätten wir diesen Vorfall im Kino gesehen, wir hätten in Bezug auf die Reaktion des Genies keinerlei Zweifel gehabt, mit Sicherheit hätten wir ihm zugestimmt. Manchmal frage ich mich, warum wir das wirkliche Leben nicht mit derselben Schärfe, mit derselben Gelassenheit zu deuten wissen wie einen Film oder einen Roman.* Insofern war es nur folgerichtig, dass sich Cantona nach seiner Profikarriere neben dem Beach-Soccer aufs Schauspielen verlegte.

**49 Minute: 16.11.2005, Manama, WM-Qualifikation, Bahrain – Trinidad und Tobago:** Dennis Lawrence schießt das 0:1 für die Gäste. Trinidad und Tobago, 5.000 Quadratkilometer groß, eine Million Einwohner, ist zum ersten Mal bei einer WM-Endrunde dabei – nicht zuletzt dank eines Songs namens »Soca Warriors«, der Besucher der Karibikinsel seither auf die Palme treibt.

*I'm a soca warrior, win or lose I'm a fighter, I'm a soca warrior, come to shine my nationality brighter.* Das Lied war ein Schlachtruf, der Showdown fand bei der WM in Deutschland statt. Bis heute ist Trinidad und Tobago das kleinste Land, das sich je für eine WM qualifiziert hat. Der Zweimetermann Dennis Lawrence, der bei Wrexham in der vierten englischen Liga und später bei Swansea kickte, ist seit seinem entscheidenden Tor in der Heimat ein Held. Neben Dwight Yorke, der es sogar zu Manchester United schaffte, und einem bis zur WM nur mittelmäßig bekannten trinidadischen Sänger namens Maximus Dan. Der hatte sein Lied übrigens im Eigenvertrieb an die Radiostationen geschickt, nachdem der Fußballverband es als offizielle Hymne abgelehnt hatte. *Es geht nicht nur um Fußball. Es geht um unser Land*, erklärte Dan. *Das Lied will den Leuten sagen: Wenn du kämpfst, kämpfe für eine gute Sache und bleib fair dabei.*

Das Lied gab es schon vor dem Erfolg, ebenso wie den Kampfnamen »Soca Warriors«, mit dem das Inselvolk das eigene National-

team liebkost. Dabei steht Soca nicht für Fußball, Soca ist auf Trinidad und Tobago der Rhythmus, schnell, hektisch, laut, fordernd. Die Musik ist als Mischung aus Calypso und indischen Stilelementen eher unzureichend beschrieben. Soca ist Musik, die danach schreit, die Arme in die Luft zu recken und wie ein Gummiball zu springen. Zuvorderst die weiblichen Anhänger in Trinidad und Tobago wackeln dazu in einem Tempo mit dem Hintern, das man hierzulande allenfalls aus dem 24-Stunden-Shopping-Kanal kennt, wenn dort Massagegeräte gegen Bauchspeck angepriesen werden. Ein Sound, prädestiniert dazu, eine Mannschaft zum Erfolg zu peitschen.

Was aber nicht wirklich klappte. So flog Trinidad und Tobago bei der WM in Deutschland bereits nach der Vorrunde raus, ohne auch nur ein Tor geschossen zu haben. Immerhin gelang dem Team unter dem niederländischen Trainer Leo Beenhakker zum Auftakt ein achtbares 0:0 gegen Schweden.

*Biggest party ever!* So wird die WM 2006 trotzdem heute noch von vielen Fans in der Karibik genannt. Dabei hatte man es ihnen nicht leicht gemacht, als Zuschauer dabei zu sein. So hatte der karibische FIFA-Vizepräsident Jack Warner kurz nach der Qualifikation über sein eigenes Reisebüro »Simpaul Travel« Ticketpakete inklusive Unterkunft, aber ohne Flug für umgerechnet 4.500 Euro angeboten. Und behauptet, das sei der einzige Weg für die Menschen, an Tickets

zu kommen. Als sich die örtliche Presse darüber aufregte, verschwand das Angebot von der Homepage des Reisebüros. Doch zwölf Tage Unterkunft im fernen Deutschland ohne Tickets und Flug kosteten immer noch 3.600 Euro.

Probleme gab es auch mit der indisch-stämmigen Bevölkerung der Inseln, die vor allem auf Trinidad genauso hoch ist wie die afrikanischen Ursprungs. Sie beklagte den Namen des Teams und wünschte sich eine Änderung in »Chutney Soca Warriors«. Der nationale Fußballverband lehnte den Vorschlag ab.

Trotz des frühen Scheiterns bei der WM plärrte der Song »I'm a Soca Warrior« noch Jahre unablässig aus dem Radio, die damalige Freude über die Teilnahme an der Fußballfete stellte alle vergangenen und künftigen Großereignisse in den Schatten. Der Tag nach dem entscheidenden Qualifikationsspiel gegen Bahrain war vom Präsidenten sogar spontan zum Feiertag ausgerufen worden. Es war ein Donnerstag, das Land hat bis Sonntagabend getanzt. Dabei ist der eigentliche Nationalsport auf den beiden Inseln Cricket, 2007 fand die Weltmeisterschaft sogar in der Karibik statt. 2010 gab es aber auch noch mal Fußball von Weltrang: Die U-17-Fußballweltmeisterschaft der Frauen wurde 2010 in Trinidad und Tobago ausgetragen.

**50 Minute: 21.06.2002, Shizuoka, WM-Viertelfinale, England – Brasilien:** Mit seinem »Freak-Goal«-Freistoß aus 30 Metern düpiert Ronaldinho den englischen Torhüter David Seaman und entscheidet die Partie. Wenige Tage später wird Brasilien Weltmeister. Es sollte der Höhepunkt in der Karriere von Ronaldinho werden, der 2001 von Brasilien nach Paris St. Germain gewechselt war und 2003 für rund 30 Millionen Euro zum FC Barcelona ging. Dort wurde er gleich in seiner ersten Saison zum Weltfußballer des Jahres gewählt. Doch als Pep Guardiola Trainer bei Barça wurde, begann der Abstieg. Ronaldinho wechselte zum AC Mailand, und weil er dort auch nicht glücklich wurde, ging er zehn Jahre nach seiner Ankunft in Europa zurück nach Brasilien.

Es folgten Engagements für diverse Vereine – treu blieb Ronaldinho nur seinem Hang zum Feiern. Erst im Nachtleben von Rio, und als das etwas auffällig wurde, fanden die Partys in seiner Villa statt. *Von Montag bis Samstag zieht Ronaldinho um die Häuser, und am Sonntag macht er ein wenig Freizeitfußball*, ätzte Flamengo-Trainer Vanderlei Luxemburgo, der den Machtkampf mit Ronaldinho schließlich verlor und entlassen wurde. Flamengo-Fußballdirektor Zinho, Weltmeister von 1994 (→ Elfmeterschießen), kanzelte Ronaldinho dennoch vor versammelter Mannschaft ab: *Als ich gekommen bin, haben Sie mich umarmt und mir versichert, dass Sie mit mir sind. Heutzu-*

*tage sind Sie nicht mal mehr mit sich selber. Das ist mangelnder Respekt vor allen Ihren Mannschaftskameraden. Wenn es sein muss, bitte ich Patrícia Amorim* (Präsidentin von Flamengo) *um meine Papiere und gehe.* Nach 16 Monaten bei Flamengo wechselte Ronaldinho zum Staatsmeister von Minas Gerais, dem Clube Atlético Mineiro aus Belo Horizonte. Sein Vertrag dort läuft bis Ende 2014 – aber wer weiß, was der ehemalige Superstar noch in petto hat.

**51 Minute: 22.06.1986, Mexiko-Stadt, WM-Viertelfinale, Argentinien – England:** Unter unbotsamer Zuhilfenahme oberer Gliedmaßen markiert Diego Maradona sein erstes von zwei Toren gegen England. Die »Hand Gottes« geht um die Welt. In seiner Autobiografie vollzieht »El Diego« 14 Jahre später höchstselbst eine kleine Kehrtwende: *Jetzt kann ich ja erzählen, was ich damals nicht erzählen konnte, was ich damals als 'die Hand Gottes' bezeichnet habe. Von wegen die Hand Gottes, das war die Hand von Diego!* Zum Erstaunen des Publikums ließ Maradona seine Leser nicht nur wissen, dass er sich gefühlt habe wie bei einem Taschendiebstahl, sondern auch, wie er seine Schummelei genau durchzog: *Ich bin mit aller Kraft hochgehechtet. Ich weiß nicht, wie ich so hoch springen konnte. Ich reckte die linke Faust hinter dem Kopf hoch, der Torhüter Peter Shilton hat es nicht bemerkt, aber Fenwick, der von hinten kam, war der Erste,*

*der dann Handspiel reklamiert hat. Nicht etwa, weil er es gesehen hat, sondern weil er es nicht kapierte, wie ich höher als der Torwart hätte springen können.* Es dauerte dann noch einmal acht Jahre, bis Maradona auch über seinen Schatten springen konnte und sich für sein Handspiel entschuldigte.

**52 Minute: 06.11.2004, Bayern – Hannover:** Schon in der dritten Minute hat Claudio Pizarro das 1:0 erzielt, nun schickt er sich gleich zu Beginn der zweiten Halbzeit an, nachzulegen. Doch Hannovers Schlussmann Robert Enke hält und ist wieder ein Fels in der Brandung. Fast auf den Tag genau fünf Jahre später ist er tot.

Depression kann ein gieriges Tier sein, das alles frisst, was das Leben lebenswert macht. Vermutlich spürte Robert Enke an seinem selbstgewählten Ende nicht mehr, was für ein großartiger Sportler und Mensch er war. Der Nationaltorwart hinterließ eine Familie und eine fassungslose Öffentlichkeit. Depressionen waren im Sport nur selten ein Thema, sie passen nicht zu den erwarteten Spitzenleistungen von Superhelden. Aber ist es verwunderlich, dass Hochfliegen sehr viel Kraft kostet und das Starsein nicht nur den Körper auslaugt? Eine ganze Reihe von Personen fiel tief, weil sie der Fußball an den Rand ihrer psychischen Kräfte gebracht hatte: Stan Libuda, Paul Gascoigne, Gerd Müller, Sebastian Deisler, Martin Amedick, Andreas Biermann, Gary

Speed oder der damalige Schalke-Trainer Ralf Rangnick, der 2011 den Mut fasste, seine Mutlosigkeit zu gestehen und den Job rechtzeitig quittierte. Die Heldentaten und Tragödien dieser Spieler würde ein eigenes Buch füllen. Im Fußballreich trutzen noch so einige Tabuhochburgen, nicht nur beim Thema Depression. Am 8. November 2009 stand Robert Enke das letzte Mal auf dem Platz, 48 Stunden später nahm er sich an einem Bahnübergang in der Nähe seines Wohnortes das Leben.

**53** **Minute: 26.09.1965, WM-Qualifikation, Schweden – Deutschland:** Deutschland muss in Schweden gewinnen, um bei der WM in England dabei zu sein. »Uns Uwe« schießt das erlösende 2:1 – ohne ihn hätte es also später kein Wembley-Tor gegeben (→ 103.). Seelers größte Leistung aber bleibt die Erfindung des sogenannten Fußballer-Bestsellers. Sein Buch »Alle meine Tore« beginnt mit dem spannungsgeladenen Satz: *Die zweite Bundesligasaison läuft für den HSV nicht schlecht an, aber – man soll den Tag nie vor dem Abend loben!* Anderen Fußballern fielen für ihre Bücher übrigens noch wesentlich dämlichere Titel ein. Eine Top Ten:

10. Oliver Kahn: »Nummer Eins«; 9. Uli Stein: »Halbzeit. Eine Bilanz ohne Deckung«; 8. Jupp Derwall: »Der Nationalmannschaft in den Kochtopf geguckt«; 7. Birgit Prinz: »Das ist mein Spiel«; 6. Sepp

Maier: »Ich bin doch kein Tor«; 5. Rudi Gutendorf: »Ich bin ein bunter Hund«; 4. Lothar Matthäus: »Mein Tagebuch«; 3. Stefan Effenberg: »Ich hab's allen gezeigt«; 2. Mario Basler: »Super-Mario«; 1. Franz Beckenbauer: »Ich«.

**54** **Minute: 25.05.2005, Istanbul, Champions-League-Finale, Liverpool – AC Mailand:** Steven Gerrard trifft zum 3:1-Anschlusstreffer für Liverpool gegen den AC Milan. Es beginnen sechs legendäre Minuten, in denen *aus einer Formalität eine Heldensaga wird* (»The Guardian«). Denn schließlich holt Liverpool nach den beiden Treffern zum Ausgleich, der Verlängerung und dem Elfmeterschießen noch den Cup. Didi Hamann, Spieler des FC Liverpool und zur Halbzeit eingewechselt, erzählte später, dass die Spieler des AC Milan bereits in der Pause SMS an ihre Freunde geschickt hatten – mit Anweisungen, wo die Feier stattfinden werde. Auch der Rest des Abends war laut Hamann nicht von dieser Welt: *Als wir den Ausgleich schießen und um mich herum das Chaos ausbricht, sehe ich zur Anzeigetafel und denke: Kann doch nicht wahr sein, dass erst die 60. Minute läuft. Dann denke ich, dass wir jetzt klaren Kopf behalten müssen. Was im Atatürk-Stadion von Istanbul los ist, kann man auch mit Begriffen wie Ekstase und Ausnahmezustand gar nicht richtig beschreiben. Wir haben innerhalb von sechs Minuten drei Tore aufge-*

*holt, in einem Finale der Champions League*. Beim Elfmeterschießen machte Hamann den ersten rein, am Ende stand es 6:5 für Liverpool. Die Fans kreierten sofort einen neuen Hit: *Three goals down, who the fuck, Didi Hamann brought the Cup*.

**55 Minute: 22.06.1986, Mexiko-Stadt, WM-Viertelfinale, Argentinien – England:** Die »Hand Gottes« ist berühmter (→ 51.), doch Diego Maradonas Tor im selben Spiel vor 114.580 Zuschauern nur vier Minuten später war (für die Argentinier) noch viel schöner. *Auch wenn wir vor dem Spiel gesagt haben, dass es nichts mit dem Falklandkrieg zu tun haben werde*, sprach Maradona den argentinischen Fans aus der Seele, *wussten wir, dass sie eine Menge argentinischer Jungens dort getötet hatten, sie hatten sie wie kleine Vögel getötet. Und das war die Rache*.

Tatsächlich lag etwas in der Luft. Nicht nur, dass Argentiniens Zeitungen die Atmosphäre mit ziemlich abartigen Überschriften anheizten, wie *Jetzt treten wir den Piraten das Licht aus*. Es bestand kein Zweifel, wovon da die Rede war: von Blendung, Tod und gewissen britischen Seeräubern, die durch einen Akt der Piraterie auf den Falklandinseln der argentinischen Nation die schlimmste Demütigung ihrer neueren Geschichte zugefügt hatten. Und bei keinem anderen Spiel dieser WM gab es so deutliche sexuelle Untertöne: Ein Land, das den Begriff des

Machismo mehr oder weniger erfunden und auf die Spitze getrieben hatte, war seines männlichen Stolzes beraubt, war besiegt, kastriert und gedemütigt worden, noch dazu von einem alten Weib wie Margaret Thatcher. Und es hatte bislang keine Gelegenheit gehabt, seinen Stolz, seinen Schwanz und seinen Sack zurückzuerobern. Hodenlos musste das am stärksten vom Machismo beherrschte Land der Welt weiterleben, in einer kalten, stummen Raserei. Maradonas 1:0 ereignete sich in der sechsten Minute der zweiten Spielzeit; das Aztekenstadion kochte, und die Verwirrung auf den Presserängen, wo die Reporter keinen Zugang zu Fernsehmonitoren und Zeitlupe hatten, war groß. Was war eigentlich passiert? Und dann, vier Minuten später, folgte Maradonas zweites Tor. Er schnappte sich den Ball zehn Meter vor der Mittellinie, startete hinein in die kompakte englische Abwehr, hielt sich fünf Verteidiger vom Leib, umspielte Peter Shilton und schoss das 2:0.

Es war klar, dass dieser Treffer auf einer Rangliste historischer Tore irgendwo unter den drei Spitzenreitern landen würde. Das Aufstellen solcher Listen ist eine idiotische, aber amüsante Beschäftigung, und es gibt nicht so viel Amüsantes, abgesehen vom Schreiben, wenn es gerade mal Spaß macht, oder vom Sex, oder vom Ranking historischer Tore, also warum nicht. Aus dem Stegreif fällt einem noch das Wembley-Tor ein, der Lattenschuss der Engländer zum 3:2 gegen

Deutschland 1966 (→ 103.), und dann dieses Tor. Es scheint, als sei bei historischen Toren immer England im Spiel.

Im Aztekenstadion hatte sich in acht historischen Sekunden so vieles zusammengefügt. Es war die ganze Geschichte von Maradona, es war seine besondere Ausstrahlung, die Ausstrahlung seines sehr kleinen, aber unerhört kompakten Körpers, es war das wochenlange Umgelegtwerden, es war sein Knie, es war sein atemberaubender Abfahrtslauf auf feindlichem Territorium mit dieser langen Kette jäher Überraschungen, immer in die falsche Richtung, denn wenn man gerade durchschaut zu haben glaubte, was er vorhatte, machte er genau das Gegenteil. Es war das Gefühl, dass er jeden Augenblick hinfallen würde, dass es nun vorbei war, aber er schien nichts davon zu ahnen, sondern rückte immer weiter vor, in diesem unerhörten Tempo, und deckte trotzdem den Ball. Es war die Überraschung, dass er dann plötzlich nicht den genialen, selbstlosen Pass ausführte, an den man sich gewöhnt hatte, um jemand anderen das Tor schießen zu lassen. Die Rolle als Pfadfinder, die er so glänzend gespielt hatte, legte er im entscheidenden Moment ab, und die Engländer haben es nie fassen können, dass da die alte, kleine, egoistische Klapperschlange wieder zuschlug. Und so kam das Tor vier Minuten nach der Hand Gottes zustande, indem er die, die er beleidigt hatte, noch einmal heimsuchte, aber mit ihren eigenen Mitteln, wenn auch viel besser als sie.

Wenn je ein Machismo-Tor geschossen wurde, dann war es dieses. Es hatte einen Krieg gegeben und eine Militärdiktatur, Argentinien hatte den absoluten Tiefpunkt seiner Geschichte erlebt. Und für alle, die Fußball hassen oder es verabscheuen, Sport mit Sexualität in Verbindung zu bringen, oder sich prinzipiell weigern, diesen Zusammenhang zu sehen, für sie muss diese lange, unwiderstehliche Penetration, mit der Maradona die englische Abwehr aufriss und vergewaltigte, natürlich einfach ekelhaft sein, wenn auch nur als Bild. Aber es ist, wie es ist, auch wenn es nicht so ist, wie es sein sollte.

**56 Minute: 08.07.1982, Sevilla, WM-Halbfinale, Deutschland – Frankreich:** Wenige Wochen nach dem schlimmen Auftritt von Gijón, in dessen Zuge die Deutschen Österreich mit 1:0 besiegten, was beiden den Einzug in die nächste Runde erlaubte, läuft Patrick Battiston allein auf Harald Anton »Toni« Schumacher zu, der ihm aus seinem Kasten entgegensprintet und aus vollem Lauf am Kopf trifft. Benommen bleibt Battiston am Boden liegen, ein Halswirbel ist gebrochen, zwei Zähne sind ausgeschlagen. Zehn Minuten nach seiner Einwechslung wird Battiston bewusstlos vom Feld getragen. Dann der Skandal: Schumacher sieht weder die fällige Rote Karte, noch wird er verwarnt, noch gibt es Freistoß für Frankreich. Im folgenden ersten Elferschießen der WM-Geschichte hält Schumacher, gellend ausgepfif-

fen von den Zuschauern, den entscheidenden Strafstoß von Bossis, nach dem Spiel sagt er lapidar, er könne Battiston *ja die Jacketkronen bezahlen*. In seiner Autobiografie »Anpfiff«, die fünf Jahre später erscheint, bereut er diesen *dummen Satz* und formuliert überhaupt weit vorsichtiger:

*Ich schnelle also vor. Battiston kommt auf mich zu. Aus Erfahrung weiß ich, der will den Ball über mich heben. Ich springe hoch. Patrick trifft den Ball nicht genau. Wenn man in der Luft ist, kann man den eigenen Schwung nicht mehr abbremsen, höchstens noch ein bisschen wegdrehen. Ein Torwart ist ja kein Flugzeug. Ich konnte gar nichts mehr machen, mich weder festhalten noch abstoßen. Mit angezogenen Knien flog ich auf Battiston zu. Wenn ich ihn frontal getroffen hätte, wäre es für ihn noch schlimmer geworden. Im letzten Moment konnte ich mich noch drehen und traf ihn dann mit Po oder Hüfte am Kopf. Er fiel hin. Ich auch …*

*Ein Blick in Richtung Linienrichter … Keine Reaktion seinerseits. Nichts. Alles ok. Ich rollte aus, drehte mich um. Patrick lag auf der Erde. Ich ging an ihm vorbei in mein Tor. Du solltest da hingehen, dachte ich noch. Du musst zu ihm gehen. Da standen aber auch schon schimpfend und drohend die Franzosen Trésor und Tigana. Wenn du jetzt hingehst, gibts Stunk, befürchtete ich … Also brachte ich es nicht fertig, auf Battiston zuzugehen, um ihn zu trösten … Ich wollte mir*

*einreden, dass mich keine Schuld traf. Wie ein Kind, das die größte Dummheit gemacht hat und versucht, mit der größten Selbstverständlichkeit weiterzuspielen ... In der Euphorie des Sieges habe ich dann Battiston total vergessen.*

*Um ihre Niederlage leichter zu bewältigen, verkauften mich die Franzosen als eine Art Mini-Hitler ... Bei den ersten Bundesligaspielen wurde ich mit schrillen Pfeifkonzerten empfangen ... Parallel dazu wurde ich mit Psychoterror am Telefon verfolgt. In Briefen drohte man mir die Entführung meiner Kinder und Terroranschläge gegen meinen Klub an. Es waren keine Franzosen, sondern Deutsche, die das schrieben.*

*Das Treffen mit Patrick in Metz war absolut keine 'sühnende Erniedrigung', etwas, das Battiston sowieso nie akzeptiert hätte. Mit dieser Reise wollte ich ganz einfach meiner Verlegenheit, meinem Bedauern über den Vorfall Ausdruck geben ... Ich erklärte ihm, wie ich den Schock in Sevilla erlebt hatte ... 'Ich wollte Dich nicht verletzen. So was hab ich nie gemacht. Das ist überhaupt das Letzte, das ich versuchen würde.' 'Ich glaub dir ja', erwiderte er. 'So habe ich das auch gesehen; so stelle ich mir das vor.'*

*Ich glaube, da hatte ich Tränen in den Augen.*

**57 Minute: 05.07.1982, Madrid, WM-Finale, Italien – Deutschland:** Paolo Rossi schießt das 1:0 gegen Deutschland und wird Endspielheld. Dabei wäre er beinahe nicht zur WM gekommen. 1979 wird der spätere Juve-Torjäger, ehedem bei Perugia, angeklagt, ein Spiel gegen Avellino manipuliert zu haben. Von 1980 bis 1982 ist er suspendiert. Als die WM losgeht, hat Rossi kaum Spielpraxis. Trainer Enzo Bearzot beruft ihn trotzdem – und hält zu ihm, als er in den ersten WM-Spielen nicht trifft. Im entscheidenden Gruppenspiel gegen Brasilien gelingt Rossi dann ein erlösender Hattrick zum 3:2, beim Halbfinalsieg gegen Polen trifft er zwei Mal, das Tor im Finale ist also bereits sein sechstes im Turnier – dafür bekommt er die WM-Torjägerkrone. Mit Juve wird Rossi im Jahr darauf italienischer Meister, bevor er seine Karriere 1987 bei Hellas Verona beendet. Hauptbeschäftigung seither: Tiefseetauchen. Sowie: mit seinen zahllosen Namensvettern verwechselt zu werden (u. a. ein Kabarettist und ein Schauspieler).

**58 Minute: 08.03.1998, Schalke – Bayern**: Giovanni Trapattoni wechselt Mehmet Scholl für Thomas Strunz ein. Die Partie endet 1:0 für Schalke, die dritte Bayern-Pleite in Folge. Strunz, Basler und Scholl kritisieren Traps Aufstellung. Zwei Tage später gibt Trapattoni die kürzeste Pressekonferenz der Bundesligageschichte (drei Minuten). Ein Auszug:

*Es gibt im Moment in diese Mannschaft, oh, einige Spieler vergessen ihren Profi was sie sind. (…) Ein Trainer ist nicht eine Idiot. Ein Trainer sehen was passieren in Platz. In diese Spiel es waren zwei, drei oder vier Spieler, die waren schwach wie eine Flasche leer! (…) Struuunz! Strunz ist zwei Jahre hier, hat gespielt zehn Spiele, ist immer verletzt. Was erlauben Strunz?! (…) Ich bin müde jetzt Vater diese Spieler, eh …, verteidige immer diese Spieler. Ich habe immer die Schulde … über diese Spieler. Einer ist Mario, einer, ein anderer ist Mehmet. Strunz dagegen, egal, hat nur gespielt 25 Prozent diese Spiel! Ich habe fertig!*

**59** **Minute: 16.11.1977, Freundschaftsspiel, Deutschland – Schweiz:** Es war kein wichtiges Spiel und das 4:1 kein entscheidendes Tor. Trotzdem ging die Szene in die Geschichte ein: Wie sich Klaus Fischer in Position brachte und erwartete, dass Rüdiger Abramczik, über die rechte Seite kommend, den Ball in den Strafraum flanken würde. Abramczik kannte die bevorzugte Position seines Schalker Kumpanen: sich mit dem Rücken zum Tor drehen und dann im freien Rückwärtsfall den heranfliegenden Ball über den eigenen Körper kicken. Im Idealfall ins Netz. Dieser Idealfall war Fischers Spezialität. Weshalb er inoffiziell den Titel »König des Fallrückziehers« erhielt und offiziell jede Menge Auszeichnungen. Dieser Fallrückzieher wurde bei der Sportschau-Wahl zum Tor des Jahres, Tor des Jahrzehnts und Tor des Jahrhunderts gekürt.

Ein missglückter Fallrückzieher sieht extrem lächerlich aus, ein geglückter ist immer eine gute Einlage, manchmal auch große Show. Der spektakulärste Fallrückzieher der Fußballgeschichte gelang im November 2012 Zlatan Ibrahimovic, auch in einem Freundschaftsländerspiel. Der Schwede zirkelte den Ball aus sage und schreibe 25 Metern über den irrlichternden englischen Torwart – der auch noch versehentlich die Vorlage gegeben hatte – hinweg ins Netz. Die Kombination von kolossaler Körperspannung, enormer Sprungkraft und perfektem Ballgefühl, die Ibrahimovic in diesem Moment zeigte, lassen Klaus Fischers Jahrhundert-Flugeinlage von 1977 fast schon wie Seniorengymnastik aussehen.

**60 Minute: 12.09.1990, EM-Qualifikationsspiel, Färöer – Österreich:** Torkil Nielsen erzielt den Siegtreffer zum 1:0. Es ist das erste Qualifikationsländerspiel seines Landes überhaupt, 1.265 Zuschauer sehen im schwedischen Landskrona (auf den Inseln selbst gab es kein FIFA-taugliches Stadion) das Märchen vom Fußballzwerg. Und wie Torwart Jens Martin Knudsen im Original-Pudelmützen-Outfit alles hält. Die Färöer (nicht: Färöer-Inseln!) bestehen aus 18 Inseln im Nordatlantik zwischen Großbritannien, Norwegen und Island. Die Färöer sind eine gleichberechtigte Nation innerhalb des Königreichs Dänemark und seit 1948 weitgehend selbstständig. Im

Gegensatz zu Dänemark sind sie nicht Mitglied der Europäischen Union. Wichtigster Erwerbszweig der 48.000 Färinger ist der Fischfang. In Zukunft will man führend bei der Stromerzeugung mit Wellenkraftwerken werden. FIFA-Mitgliedschaft seit: 1988. FIFA-Rangliste: Platz 162. Trikot: weiß; Hose: blau. Übrigens ist Stürmer Torkil Nielsen einer der besten Schachspieler des Landes.

**61** **Minute: 26.06.1974, Hannover, WM-Zwischenrunde, Brasilien – DDR:** Brasilien erteilt der DDR ein Lehrstück, wie man die Mauer zu Fall bringt. Freistoß Brasilien, die DDR-Spieler stellen sich gerade auf, als sich Jairzinho zu den Deutschen gesellt und ihnen brasilianische Bruderhilfe beim Mauerbau anbietet. In Wirklichkeit natürlich, um sich genau im richtigen Moment fallen zu lassen, damit Rivelinos Schuss wie ein Pfeil durch die Leerstelle ins Netz fliegen kann. Brasilien gewinnt 1:0, die DDR fliegt trotz Jürgen Sparwasser (der vier Tage vorher das 1:0 gegen die BRD (→ 77.) geschossen hat) aus dem Turnier. Als auch die Mauer in Berlin 15 Jahre später fiel, zog es etliche Trainer und Spieler in den Westen. Der DDR-Nationaltrainer, der die Reisefreiheit nach 1989 am meisten nutzte, war Bernd Stange, geboren am 14. März 1948 in Gnaschwitz, Sachsen. Nach Stationen als Trainer bei Hertha BSC und Leipzig zog es ihn immer weiter fort: In die Ukraine, nach Australien, Oman und Irak. Den Ver-

trag, den er noch mit Saddam Hussein geschlossen hatte, brachte ihm allerdings viel Kritik ein. Aber trotz der extrem instabilen politischen Lage gelang Stange mit der Mannschaft des Irak die Qualifikation für die Olympischen Sommerspiele 2004. Doch Stange, diesen Weltbürger aus der DDR, zog es auch dann noch weiter: Erst nach Zypern, dann nach Weißrussland und schließlich nach Singapur, wo er seit 2013 Coach ist.

**62 Minute: 05.08.1989, Cottbus, DDR-Supercup-Finale, BFC Dynamo Berlin – Dynamo Dresden:** Thomas Doll knallt das 2:0 unter die Latte – der BFC Dynamo Berlin, meistgehasster Verein der DDR, gewinnt den ersten und letzten sogenannten DDR-Supercup gegen Dynamo Dresden. Dann fällt die Mauer. Es war ein Spiel, wie es danach keines wieder gegeben hat, doch Bodo Rudwaleit erinnert sich kaum daran. Er weiß noch, dass mindestens 20.000 Leute im Stadion zuschauten, die meisten waren gegen sie, aber das waren sie ja immer. Er weiß auch noch, dass er nicht viel zu tun hatte. Er stand im Tor, es gab eigentlich nur zwei gefährliche Situationen. Den einen Ball hat er gehalten, den anderen nicht, aber da war die Sache längst entschieden.

Der BFC Dynamo gewann 4:1 gegen Dynamo Dresden. Es war das Fußballfinale der DDR. Der Supercup. Der Pokalsieger trat gegen

den Meister an. Er wurde das erste Mal ausgespielt, in Zukunft sollte es ihn am Ende jeder Saison geben. Doch diese Zukunft gab es nicht mehr. Es war der 5. August 1989. Drei Monate später fiel die Mauer, und danach hat der BFC nur noch verloren. Seinen Namen, seine Spieler, seine Klasse, sein Geld. Der Pokal vom Supercup ist auch nicht mehr da. *Is' jetzt in privaten Händen*, sagt Bodo Rudwaleit, *wir hatten hier'n paar Einbrüche nach der Wende.*

Er ist ein großer Mann, Jahrgang 57, dem man sein Alter nicht ansieht. Er sitzt in einem Zimmer, das mit Schreibtischen, Schränken und Sesseln vollgestellt ist. Draußen liegt Berlin, Hohenschönhausen, ein Plattenbaubezirk, an dessen Rand ein paar Sporthallen stehen, umgeben von Bolzplätzen. *War'n schönes Ding damals,* sagt er. Es gibt ein Foto, das nach dem Spiel entstand. Darauf halten einige Spieler den Pokal nach oben, aber sie wirken nicht sehr stolz dabei. Er sieht aus wie ein langer Kaktus. Thomas Doll steht abseits und schaut ihnen zu. Andreas Thom klopft ihm auf die Schulter. Er lacht.

*Ja, war'n richtig guter Tag,* sagt Doll, *Hab' ich da nich' zwei eingebombt?* Stimmt: Thomas Doll hat damals zwei Tore geschossen. Eins in der 62. Minute und einen Elfmeter in der 75. Es war eines seiner letzten Spiele für den BFC Dynamo. Kurz danach ging er für 3,6 Millionen Mark zum HSV. Andreas Thom ging für den gleichen Betrag zu Bayer Leverkusen. Die Mannschaft zerbrach. Bodo Rudwaleit ging zu

Stahl Eisenhüttenstadt, ablösefrei. Der BFC blieb zurück. Und ging unter.

Im Januar 1966 war er gegründet worden. In der DDR gehörten fast alle Fußballmannschaften einem Betrieb. Lokomotive Leipzig, Energie Cottbus, Carl Zeiss Jena. Dynamo gehörte dem Innenministerium, es war die Sportabteilung für Polizei und Staatssicherheit, Erich Mielke war ihr Chef. Er hatte fast in jedem Bezirk eine Mannschaft, aber die Berliner mochte er am meisten. Er kam häufig zu den Spielen. An der Tribüne gab es extra eine Rampe für seine Limousine. Wenn er dort oben saß, dann wollte er seine Fußballer auch gewinnen sehen. Was er dafür tun konnte, das tat er auch. Der BFC Dynamo, das schien die Stasi selbst zu sein.

Der BFC holte sich die besten Spieler aus den Regionen. Thomas Doll kam 1986 aus Rostock. Beim ersten Spiel gegen seine alte Mannschaft haben ihn die Zuschauer angeschrien: *Doll, du Schwein!* Zwanzig Minuten lang. Dann hat er ihnen in der 21. eins eingebombt, unten links, da war Ruhe. Wenn er später beim HSV oder später bei Lazio Rom in Schwierigkeiten kam, hatte er nur an diesen Moment denken müssen, und es war gut.

Der BFC holte sich auch die besten Schiedsrichter. Sieben von zehn der Männer, die am häufigsten Spiele der Mannschaft pfiffen, arbeiteten heimlich für die Staatssicherheit. Als einer von ihnen 1985

ein Gegentor von Wismut Aue nicht gab, weil es angeblich abseits war, lag er damit so offensichtlich falsch, dass es später im Fernsehen nicht gezeigt werden konnte. Als einer von ihnen ein Jahr später gegen Lok Leipzig so lange spielen ließ, bis endlich jemand vom BFC im Strafraum umfiel und er Elfmeter geben konnte, diskutierte sogar das Politbüro darüber. Erich Mielke wurde gefragt, ob so etwas wirklich sein müsse. *Soll ich mal sagen, wie viele Personen aus dem Bezirk Leipzig die DDR schon verraten haben?*, fragte er.

Zehn Mal wurde der BFC Dynamo Meister. Zehn Mal in Folge. Von 1979 bis 1988. Der Supercup ist der letzte große Titel, den die Mannschaft holt. Als drei Monate später die Mauer fällt, stehen die ersten Spielervermittler schon in Ostberlin an der Rasenkante. Mit Koffern voller Geld. Der Verein verkauft in den ersten anderthalb Jahren 23 Spieler, er nimmt elf Millionen Mark ein und glaubt, dass er damit neu anfangen kann. Die DDR löst sich auf. Er will jetzt kein Stasi-Klub mehr sein, nennt sich um in FC Berlin und trennt sich von seinem alten Trainer. Aber er schafft es nicht in die zweite Liga, er hält sich auch nicht in der dritten. Die Zuschauer bleiben weg, bis auf die, die vor allem kommen, um sich zu prügeln. Als der Verein 2001 Insolvenz anmeldet, hat er 3,6 Millionen Schulden, muss in die fünfte Liga und droht auch dafür die Lizenz zu verlieren. Da kehrt Bodo Rudwaleit zurück.

*Ich hab' dem Verein meine schönste Zeit zu verdanken*, sagt er. Er hat fast 25 Jahre für den BFC gespielt. 313 Spiele. Er hat alle zehn Meistertitel gewonnen. Aber als er zurückkam, gab es keinen dieser Pokale mehr. Einen haben sie bei Ebay zurückersteigert. Es gab nichts mehr. Von der großen Geschäftsstelle im Sportforum Hohenschönhausen waren vier Zimmer geblieben. Von der Mannschaft vier Männer. Sie mussten eine Annonce in die Zeitung setzen, aber von den Leuten, die daraufhin kamen, konnten manche auch ohne Ball kaum geradeaus laufen. Bodo Rudwaleit und ein paar Freunde begannen mit dem Training, manchmal spielte er selbst noch mit. Er war Mitte 40 und hatte eigentlich ein Taxiunternehmen zu führen, aber gut. *Die Vergangenheit kann man nicht ablegen*, sagt Bodo Rudwaleit, *so und so nicht. Einmal BFCler, immer BFCler.*

Als Thomas Doll noch den HSV trainierte, rief er ihn mal an. Es ging um ein Freundschaftsspiel, so unter BFClern. Rudwaleit hätte die Zuschauer gebrauchen können. Aber sie hatten beide seit Jahren kein Wort miteinander gesprochen, und Doll war zurückhaltend. Irgendwie wollte er nicht. *Wir haben ja noch so viel Nachholspiele*, sagte Thomas Doll.

Zu jener Zeit trainierte Ronny Teuber die Torleute des HSV. Der Ronny Teuber, der damals bei Dynamo Dresden im Kasten stand. Jetzt saß er neben Doll, der vom Spiel erzählte: *Hab' ich dir nich' zwei eingebombt, Ronny?*, fragte Doll.

*Nee*, sagte Teuber.
*Doch*, sagte Doll, *dir hab' ich zwei eingebombt.*
*Aber wir waren Meister*, sagte Teuber.
*Ja, Ronny*, sagte Doll, *das interessiert jetzt aber nicht.*

**63 Minute: 10.06.1990, Mailand, WM-Gruppenspiel, Deutschland – Jugoslawien:** Vorm ersten Auftritt gegen die stark eingestuften Jugoslawen mit Stojkovic, Vujovic, Savicevic sagt Lothar Matthäus noch: *Der Wahnsinn!* Beim Auftritt selbst geht dann alles wunderbar, und Matthäus macht das Spiel seines Lebens. Wandelt sich auf internationaler Bühne vollends vom Wadenbeißer der EM 1980 zum Weltstar der WM 1990. Das 1:0 schießt er mit links, beim 2:0 rennt er mit dem Ball über den halben Platz. 4:1 besiegt Deutschland die Jugoslawen, das Selbstbewusstsein für den WM-Sieg ist da. Ein Selbstbewusstsein, das Matthäus irgendwann verleitet, von sich in der dritten Person zu sprechen. Die schönsten Zitate:
*Die Person Matthäus hat schon immer polarisiert. Es gibt in Deutschland viele Leute, die mir nur Böses wollen.*
*In Ungarn gab es eine Umfrage. 90 Prozent der Befragten sprachen sich für Matthäus als Nationaltrainer aus.*
*Ein Lothar Matthäus entscheidet selbst über sein Schicksal.*
*Jens Jeremies erinnert mich an den jungen Lothar Matthäus.*

*Ein Lothar Matthäus kann es sich nicht leisten, sich zu blamieren.*
*Jeder, der mich kennt und der mich reden gehört hat, weiß genau, dass ich bald englisch in sechs oder auch schon in vier Wochen so gut spreche und Interviews geben kann, die jeder Deutsche versteht.*
*Die biologische Uhr tickt und geht auch an mir nicht vorbei.*
*Die Schuhe müssen immer zum Gürtel passen!*
*Ich, was meine Person betrifft, entscheide für mich alleine.*
*Ein Wort gab das andere – wir hatten uns nichts zu sagen.*
*I look not back, I look in front.*
*I hope, we have a little bit lucky.*

**64 Minute: 02.06.2013, Freundschaftsspiel, USA – Deutschland:** Clint Dempsey tanzt Podolski vor dem Strafraum aus und hält aus 20 Metern drauf. Der Ball schlägt im linken oberen Eck ein – auch, weil Torwart ter Stegen viel zu weit vor seinem Kasten steht. Es ist zwar nur ein Freundschaftsspiel – zumal gegen seinen alten Kumpel Jürgen Klinsmann – dennoch: Wer Jogi Löw kennt, weiß, dass er angesichts dieses 4:1 innerlich verzweifelt. Letztlich ging das Spiel 4:3 für die Amis aus, und wahrscheinlich verkniff sich Löw anschließend sogar eine Frust-Zigarette. Denn als sich der Bundestrainer nach dem EM-Viertelfinalspiel 2008 gegen Portugal öffentlich eine angesteckt hatte, war der Eklat da. Diverse Medienvertreter echauffierten sich, und

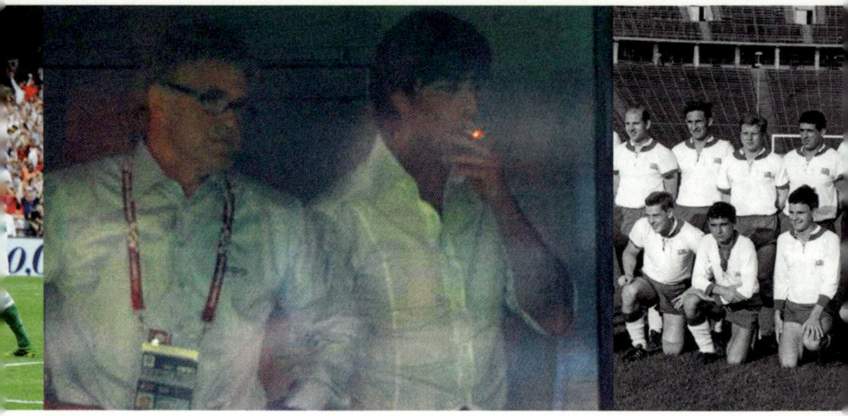

auch Politiker konnten nicht an sich halten. Der SPD-Politiker Lothar Binding ging Löw scharf an und polterte, dass der rauchende Löw seine Vorbildfunktion vergessen habe. Er vergaß dabei vermutlich den SPD-Oberlehrer, Deutschlands Staatsraucher Nr. 1: Helmut Schmidt.

Dabei hatte Löw, wie er sich da mit flatternden Nerven eine Zigarette anzündete, fast schon menschlich gewirkt, denn der Schwabe steht doch mehr im Ruf, ein Reihenhausspießer zu sein, der sich auch mal einen Pulli über die Schultern wirft und in neoliberalem Schick vor der Brust verknotet. Löw entgegnete, er sei halt ein Genussmensch, was er auch zwei Jahre später bei der WM in Südafrika wiederholt zur Schau stellte. Nicht etwa, weil er dort rauchte, sondern weil er dort gedankenverloren und hoch konzentriert popelte. Das Ergebnis seiner Bemühungen wurde der Welt durch die allgegenwärtigen Kameras vorgeführt und verschwand zugleich als saftiges Pausen-häppchen in Löws Mund. Dem größten brasilianischen Fernsehsender Globo war das eine Sonderberichterstattung wert, er präsentierte den herzhaften Snack einem Millionenpublikum. Das war schließlich auch für die englischen Medien ein gefundenes Fressen, das ihnen die 1:4-Kröte gegen Deutschland etwas besser schmecken ließ.

**65 Minute: 14.08.1965, Tasmania Berlin – Karlsruhe:** 81.000 Fans bejubeln Tasmanias 2:0 gegen den KSC. Die Blüte des Neuköllner Clubs SC Tasmania 1900 Berlin dauert aber nur 90 Minuten. Es folgt die schlechteste Bundesligabilanz aller Zeiten: die wenigsten Tore (15), die meisten Gegentore (108), die wenigsten Punkte (8), die wenigsten Siege (2), die meisten Niederlagen (28), das am schlechtesten besuchte Bundesligaspiel (856 Zuschauer), kein einziger Auswärtssieg. 1973 ging Tasmania schließlich bankrott.

Das letzte von Tasmanias 15 Bundesligatoren schoss Wolfgang Neumann neun Monate nach dem Sieg gegen den KSC. Ob das ein schönes Tor war, ein spektakuläres, ein gestochertes oder glückliches, wer weiß das schon noch? Es war einfach das wirklich allerletzte Tor, das Tasmania in der Bundesliga erzielte. Am Samstag darauf ging es noch auf Schalke, da bekam Tasmania vier Stück verpasst und war fortan Geschichte. Abgestiegen, nie wieder auferstanden, ein paar Jahre Siechtum, 1973 der endgültige Bankrott, Tasmania 1900 Berlin gibt es nicht mehr.

Die alte Baumreihe steht noch, aber merkwürdig quer zum Sportplatz. Einst säumte sie das Stadion in Neukölln, was ein Fußballplatz mit Radrennbahn aus Beton drumherum war, nichts Halbes und nichts Ganzes also. Anfang der Achtzigerjahre wurde es abgerissen, ein neuer Sportplatz angelegt, und der wurde um 90 Grad gedreht, gerade so, als habe man abbiegen wollen von der Geschichte. Es fin-

det sich auch sonst kein Zeugnis der Vergangenheit auf dem Gelände, kein Bild, kein Stein, nichts, was zum verblassten Mythos taugt, nichts, was die Historie verklärt und von einer Wiederkehr träumen lässt. Der Nachfolgeverein hieß zunächst Tasmania Neukölln, dann Tasmania Gropiusstadt, seit 2011 heißt er immerhin wieder Tasmania Berlin.

Wenn sich die Geschichte von Tasmania 1900 etwa 20 Jahre später abgespielt hätte, also in medialen Zeiten, hätte der Klub vielleicht Kultstatus erreicht. Tatsächlich aber ist er nur der schlechteste Fußballklub der Bundesligageschichte, und das Spektakulärste, was man über ihn sagen kann, ist, dass Tasmania 1900 Berlin eine kleine Fußnote und letztendlich ein Opfer des Kalten Krieges war. Ohne den wäre Tasmania nie und nimmer in die Bundesliga gekommen. Das heißt, 1963 vielleicht doch. Als die Bundesliga ihren Spielbetrieb aufnahm, stellte Tasmania die sportlich beste Berliner Mannschaft. Aber Hertha BSC war ruhmreicher und vor allem trickreicher. Hertha nämlich legte dem DFB geschönte, man kann auch sagen gefälschte Zahlen zur Bonitätsprüfung vor, damit kam der Verein in die Liga. Dabei hätte man es bewenden lassen können. Wenn Hertha das Mauscheln hätte lassen können. Zu Beginn des Jahres 1965 aber nahm ein gewisser Dr. Ziegler vom DFB als Finanzbuchhalter die Bücher der Hertha in Augenschein. Zunächst fehlten 90.000 Mark, doch die fanden sich in den Schreibtischen der Geschäftsräume. Am letzten Tag des Februars

wies die Bilanz eine Deckungslücke von 192.000 Mark auf. Dr. Ziegler mutmaßte, dass die unverbuchten Gelder für illegale Zahlungen an Spieler verwandt worden seien. So war es denn auch, Handgelder waren, man glaubt es heute kaum, damals verboten. Und so wurde die Hertha zum Zwangsabstieg in die zweite Liga verurteilt.

Das Urteil war zwar rechtlich und moralisch völlig in Ordnung, aber doch auch etwas unüberlegt. Es traf nämlich die noch recht junge und instabile Republik bis ins Mark: Berlin, das Bollwerk inmitten der Zone, konnte nicht ohne Bundesligisten sein, das wäre ja schon fast einer Abtretung der eigentlichen Hauptstadt gleichgekommen. Und so beschloss der Deutsche Fußball-Bund, die Liga auf 18 Vereine aufzustocken, was die eigentlichen Absteiger Schalke 04 und den Karlsruher SC rettete. Und weil Berlin eben rein musste in die Bundesliga, wurde Tasmania 1900 sechs Wochen vor Beginn der dritten Bundesligasaison der Zuschlag erteilt. Tennis Borussia, der Spitzenreiter der Regionalliga, war in der Aufstiegsrunde gescheitert, der zweitplatzierte Spandauer SV wollte nicht, also musste Tasmania ran.

Und alle halfen mit bei diesem Berliner Notopfer, da stand die Republik schon zusammen. Radio Luxemburg und der Deutschlandfunk sprangen selbstlos ein und schickten Suchmeldungen durch den Äther, denn Tasmanias Spieler wussten nichts vom Glück, die waren im Urlaub. Aber sie wurden gefunden (als letzter ein Helmut Fiebach, den die öster-

reichische Gendarmerie auf einem Campingplatz aufstöberte), und eine der größten Sportpossen in der Geschichte der Bundesliga nahm ihren Lauf.

Nur acht Punkte konnte Tasmania in jener Saison holen, nur zwei Siege feiern, gegen den Karlsruher SC und gegen Borussia Neunkirchen. Den 15 erzielten Toren standen 108 kassierte gegenüber. Wenigstens hatten die Mannen um Nationalspieler Horst Szymaniak einen realistischen Kapitän, Hans-Günter Becker, auch »Atze« gerufen. Der hatte vor Saisonbeginn noch schnell die Spielergehälter ausgehandelt und dabei zugunsten hoher Festbeträge auf üppige Siegprämien verzichtet. Der Ärger der Kollegen, die sich nach dem ersten Spieltag und dem 2:0 über den KSC vor 80.000 Zuschauern im Olympiastadion zunächst geprellt fühlten, verrauchte dann schnell. Der Zuschauerzuspruch ebenso: Als es im Januar gegen Borussia Mönchengladbach ging, kamen nur noch 856 Fans ins große Stadion.

Ein paar Anekdoten hat die Bundesliga den Tasmanen dennoch zu verdanken, vielleicht sind es auch nur Legenden, aber schön sind sie. Zum Beispiel die von Heribert Finken, der seine Gegenspieler mit dem Satz *Ich heiße Finken, und du wirst gleich hinken* begrüßt haben soll. Oder die von Uli Sand. Vor der Saison hatte er noch für Wacker 04 gespielt und war dort schon als ein Stürmer aufgefallen, der diesen Namen nicht verdient. Steif war er, langsam, und der richtige Torriecher fehlte

ihm ebenfalls. Nur Freistöße schießen, das konnte er. Und das wollte er auch, als Tasmania im Spiel gegen den FC Bayern München kurz hinter der Mittellinie einen Freistoß zugesprochen bekam. Fair ging es in diesen Zeiten zu, und Uli Sand fragte vor der Ausführung die Bayern, ob sie denn keine Mauer bilden wollten, eine Abwehrmaßnahme, die den Münchnern dort in Nähe des Mittelkreises doch eher albern vorkam. Sie lachten sich schlapp, und Torwart Sepp Maier, der rausgeeilt war, lachte mit. Sand schoss, leider ein paar Zentimeter zu hoch. Knapp strich der Ball über den Balken.

Man muss noch einmal auf Horst Szymaniak zurückkommen, der geistig so beweglich war, wie – nun ja, nennen wir ihn einen Vollblut-Instinktfußballer. Er hatte die Fußballwelt bereits gesehen, bevor er zu Tasmania kam. Was die Berliner Präsidiums-Herren aber da mit ihm veranstalten wollten, das hatte er noch nicht erlebt, das ging entschieden zu weit. Er bat Kapitän Becker um Hilfe: *Komm, Atze, ich glaub', die wollen mich verarschen.* Szymaniak hatte eine Beteiligung am Zuschauerschnitt ausgehandelt, was für sich gesehen vielleicht schon nicht sehr weitsichtig war: *Die haben mir 50 Prozent versprochen, ich habe das schriftlich*, erklärte er Becker, *und jetzt wollen die mich mit zwei Dritteln abspeisen.* Zumindest erzählt Becker die Geschichte so. Angeblich hat der Vorstand laut Becker dann eingelenkt. Vor dem Bankrott hat den Verein die Ersparnis trotzdem nicht bewahrt.

**66 Minute: 16.07.1950, Rio de Janeiro, WM-Finale, Brasilien – Uruguay:** 199.854 Zuschauer – so viele wie noch nie – sehen, wie ein Pass von Rechtsaußen Alcides Ghiggia bei Juan Schiaffino landet, der volley abzieht: 1:1. Es wird still im Maracaña-Stadion. Die hoch favorisierten Brasilianer brauchen nur noch das Ergebnis über die Zeit zu schaukeln (damals gewann der Tabellenerste), doch elf Minuten vor Abpfiff ist wieder Ghiaggia durch und trifft aus spitzem Winkel ins lange Eck von Torhüter Barbosa. Die Sensation ist perfekt und Uruguay zum zweiten Mal Weltmeister. Während die Brasilianer mit hängenden Köpfen das bestbesuchte Spiel aller Zeiten als Verlierer beenden, feiern die Urus in Montevideo das bis dahin größte Fußballfest. Es ist das letzte Mal, dass die Seleçao in den traditionellen weißen Trikots mit blauem Kragen aufläuft. Wider den weißen Fluch mussten es von da an die Nationalfarben sein.

**67 Minute: 22.10.2004, Zweite Liga, Ahlen – Burghausen:** Beim Stand von 0:0 pfeift Schiedsrichter Robert Hoyzer einen Elfmeter, der keiner ist und zeigt Burghausens vermeintlichem Foulspieler Vukasin Trivunovic die Gelb-Rote Karte. Ahlen siegt 1:0 – später wird Hoyzer dafür vom Wettspezi Ante Šapina 30.000 Euro erhalten. Knapp vier Monate später ordnet das DFB-Sportgericht erstmalig eine »Spielwiederholung vor kriminellem

Hintergrund« an. Vor Gericht erinnerte sich Ante Šapina an die Vorgänge wie folgt:

*Es gab Gerüchte wegen Paderborn, und ich hatte Mitte September 'ne Wohnungsdurchsuchung wegen Geldwäsche. Ich habe mich dann trotzdem vor dem Spieltag mit Robert in Ahlen getroffen. Er war ziemlich nervös, es war ja immerhin sein erstes Zweitligaspiel. Ich war mir nicht sicher, wie weit er gehen würde. Wir haben uns dann trotz allem dazu entschlossen, das Spiel zu beeinflussen. Ich habe auf einen Sieg von Ahlen gewettet. Kurz vor dem Spiel habe ich ihm dann eine SMS mit einem konfigurierten Audi A3 geschickt. Das war immer sein Traumauto gewesen. Wir hatten öfter mal vor dem Computer gesessen und uns so einen Audi nach seinen Wünschen zusammengestellt. Die SMS war mehr so, na ja, ich wollte ihn gebührend entlohnen und habe ihm halt geschrieben: 'Wenn du das Spiel hinkriegst, bekommst du von mir das Auto.' Zur Halbzeit stand es dann aber 0:0, deswegen habe ich ihm in der Halbzeit noch 'ne SMS geschickt: 'Ich hoffe, du weißt, was du tust.' Kurz nach der Halbzeit hat er dann Elfmeter für Ahlen gegeben. Er hat das Geld dann kurze Zeit später bei mir sozusagen abgehoben. Er hatte so 'ne Art Konto bei mir, weil er nicht wusste, wohin mit dem Geld. Zu Hause wollte er es auch wegen seiner Freundin nicht aufbewahren. Immer, wenn er was gebraucht hat, ist er ins Café King gekommen.*

*Diesmal waren es 32.000 bis 33.000 Euro. Das mit dem Autokauf haben wir dann aber gelassen. Er hat ja keinen Führerschein …*

**68 Minute: 01.07.1912, Stockholm, Olympia-Trostrunde, Deutschland – Russland:** Gottfried Fuchs markiert seinen zehnten Treffer beim 16:0 – so viele Tore schoss seither kein deutsches Team und kein deutscher Spieler in einem Länderspiel. Julius Hirsch, Sturmpartner im Nationalteam sowie beim Karlsruher FV, ist nicht dabei. Mit der »Machtergreifung« trennen sich dann die Wege der beiden prominentesten deutsch-jüdischen Fußballer endgültig. Fuchs (sechs DFB-Einsätze) emigriert über die Schweiz und Frankreich nach Kanada, Hirsch (sieben Einsätze) wird im März 1943, im Alter von 51 Jahren, nach Auschwitz deportiert und dort ermordet. Zwei Fußballerschicksale: Nach der nationalsozialistischen »Machtergreifung« brach im Frühjahr 1933 eine antisemitische Welle über die jüdischen Fußballspieler herein. Viele Klubs in Deutschland gaben sich nicht mit der Anweisung des Deutschen Fußball-Bundes (DFB) zufrieden, Juden in führenden Stellungen ihrer Ämter zu entheben. Sie strebten vielmehr danach, alle Juden aus den Vereinen zu *entfernen*.

Zu den bekanntesten Fußballspielern, die zu Opfern des Antisemitismus während der NS-Zeit wurden, gehörte der sechsfache Nationalspieler Gottfried Fuchs, der sich bereits Anfang des 20. Jahrhun-

derts zu einem der besten deutschen Spieler entwickelt hatte. 1889 in Karlsruhe geboren, begann er seine fußballerische Karriere 1904 beim Düsseldorfer FC 1899. 1907 gewann er mit der ersten Mannschaft, die zur Hälfte aus Engländern bestand, die Meisterschaften von Nordrhein und Westdeutschland. Kurz darauf schloss er sich dem Karlsruher FV an, wo er zum Nationalspieler avancierte.

Mit seinen zehn Toren gegen Russland verewigte sich Fuchs in der deutschen Länderspielstatistik. Aber nicht nur auf sportlichem Gebiet, sondern auch in Sachen Fairness konnte ihm keiner so schnell das Wasser reichen: Als bei einem Punktspiel gegen Wiesbaden beim Stande von 0:0 ein Strafstoß für seine Mannschaft gepfiffen wurde, bat er den Schiedsrichter darum, die Fehlentscheidung zurückzunehmen.

Als die Nazis 1933 an die Macht kamen, lebte er in Berlin, wo er im Ortsverein Nikolassee Tennis spielte. Im März 1933 wurde er dort in den Abteilungsvorstand gewählt – einen Posten, den er auf Druck der Stadt bald niederlegen musste. Aufgrund der Schikanen beschloss er 1937, mit seiner Familie in die Schweiz zu emigrieren. Weil er dort nicht bleiben durfte, suchte er in einem Pariser Vorort Zuflucht. Trotz französischer Vorfahren wurde er dort nach Kriegsbeginn als »feindlicher Ausländer« interniert. Seine Ehefrau Eugenia bemühte sich in dieser Zeit verzweifelt in der kanadischen Botschaft in Paris um Visa für eine Ausreise.

Am 23. Mai 1940, kurz vor dem Einmarsch deutscher Truppen in Paris, war es so weit: Die Familie Fuchs reiste über Großbritannien nach Kanada aus. In einem Vorort von Montreal gelang es ihr, unter schweren Bedingungen eine neue Existenz aufzubauen. In Deutschland geriet Fuchs nach dem Krieg weitgehend in Vergessenheit. Sepp Herberger schlug vor, ihn zur Einweihung des Münchner Olympiastadions am 26. Mai 1972 als Ehrengast zu laden. Doch Fuchs verstarb wenige Monate vorher, am 25. Februar 1972, im Alter von 82 Jahren in Montreal-Westmount.

Während Fuchs rechtzeitig emigrieren konnte, erlitt Julius Hirsch alle Stufen der nationalsozialistischen Verfolgung. Hirsch, genannt »Juller«, schloss sich 1902 mit zehn Jahren dem Karlsruher FV an, der zu den Pionieren im deutschen Fußballsport gehörte. 1909 gelang ihm der Sprung in die erste Mannschaft, mit der er im Jahr darauf Südmeister wurde. Im Dezember 1911 war Hirsch der erste jüdische Fußballer im deutschen Nationaltrikot: Beim 1:4 in München gegen Ungarn spielte er auf halblinks. Bei seinem nächsten Einsatz erlebte er eine sportliche Sternstunde: Am 24. März 1912 markierte er beim 5:5 gegen Holland in Zwolle vier Treffer, das andere Tor steuerte Fuchs bei. Nach einem mehrjährigen Gastspiel bei der Spielvereinigung Fürth kehrte Hirsch 1919 zum KFV zurück, wo er 1925 seine Laufbahn beendete, dem Klub aber als Trainer und Mitglied im Spielausschuss tief verbunden blieb.

Umso schwerer fiel ihm im April 1933 sein Austritt aus dem Verein. Dabei brachte er sein Unverständnis und seine Verbitterung darüber zum Ausdruck, dass den Juden in Deutschland, die ähnlich wie sein im Ersten Weltkrieg gefallener Bruder Leopold ihre Opferbereitschaft gezeigt hätten, die nationale Gesinnung abgesprochen werde: *Nicht unerwähnt möchte ich aber lassen, dass es in dem heute so gehassten Prügelkinde der deutschen Nation auch anständige Menschen und vielleicht noch viel mehr national denkende und auch durch die Tat bewiesene und durch das Herzblut vergossene deutsche Juden gibt.*

Beruflich mehrten sich für Hirsch nach 1933 die Probleme. Als sein Arbeitgeber, der Sportartikelhersteller Sigfa-Sport GmbH, in Konkurs ging, arbeitete er 1934 kurzzeitig als Trainer im Elsass. 1937 und 1938 war er als Hilfslohnbuchhalter für eine jüdische Firma in Ettlingen-Maxau tätig. Nach der »Arisierung« des Unternehmens versuchte er erfolglos, eine Anstellung als Trainer zu finden.

Aufgrund seiner ausweglosen Situation sprang Hirsch im Juli 1938 nach einem Besuch bei Verwandten in Frankreich aus dem fahrenden Zug und wurde in eine psychiatrische Klinik eingeliefert. Sein Zustand verschlimmerte sich nach der Reichspogromnacht. Weil die Regierung ab 1937 gegen »jüdisch Versippte« vorzugehen begann, worunter vor allem die mit Juden verheirateten »Arier« verstanden wurden, ließ er sich 1939 von seiner evangelischen Frau scheiden. Danach

verpflichtete ihn das Tiefbauamt Karlsruhe als Hilfsarbeiter auf einem Schuttplatz.

Im Februar 1943 erhielt er die Anweisung, sich zu einem »Arbeitseinsatztransport« einzufinden; das Angebot eines befreundeten Lokführers, ihn aus Deutschland herauszubringen, lehnte er ab, weil er den Gerüchten über den Massenmord nicht glaubte. Am 1. März 1943 wurde Hirsch nach Auschwitz deportiert, wo er ermordet wurde. Das NS-Regime unternahm alles, um die Leistungen der beiden jüdischen Nationalspieler aus dem Gedächtnis zu löschen. In den Dreißigerjahren wurde ein sogenanntes Kicker-Bilderwerk erstellt. Darin sollten alle deutschen Akteure verzeichnet sein, die seit dem ersten Länderspiel 1908 in der Nationalmannschaft gespielt hatten. Gottfried Fuchs und Julius Hirsch fehlten in diesem Band – Reichspropagandaminister Joseph Goebbels hatte es zur Auflage gemacht, keine jüdischen Spieler zu berücksichtigen. Bis heute blieben Fuchs und Hirsch die einzigen jüdischen Nationalspieler im deutschen Trikot.

**69 Minute: 12.06.1998, Montpellier, WM-Gruppenspiel, Paraguay – Bulgarien:** José Luis Chilavert, neben René Higuita torgefährlichster Keeper der Welt, kommt dem ersten Tor, das ein Torwart bei einer WM schießt, gefährlich nahe. Beim Stand von 0:0 lenkt Bulgariens Keeper Zdrawkow seinen 26-Meter-Freistoß

gerade so an die Latte. Paraguay zieht dennoch ins Achtelfinale ein, der Torhüter-Kapitän wird im selben Jahr zum Welttorhüter gewählt. Insgesamt erzielt er in seiner Laufbahn 60 Tore. Doch nach der WM in Frankreich wird es eher traurig: 2002 spuckt er Roberto Carlos an, 2005 verurteilt ihn ein französisches Gericht wegen Betrugs. Später spricht Chilavert davon, Präsident von Paraguay zu werden.

**70 Minute: 18.10.2013, Hoffenheim – Leverkusen:** Leverkusens Stürmer Stefan Kießling erzielt per Kopf das 2:0 gegen Hoffenheim. Seltsam aber, dass er nach seinem wuchtigen Kopfball anstatt zu jubeln die Hände über dem Kopf zusammenschlägt. Tatsächlich hat er richtig gesehen: Der Ball ging gar nicht ins Tor, sondern um Zentimeter am linken Pfosten vorbei. Allerdings liegt er trotzdem im Netz, was den Schiedsrichter Felix Brych veranlasst, auf Tor zu entscheiden. Kießling hätte alles aufklären können, indem er zum Schiedsrichter geht, um anzuzeigen, dass der Ball daneben war. Doch auch er sieht den Ball plötzlich im Tor liegen und ist verwirrt – wohl auch, weil nicht einmal die Spieler von Hoffenheim protestieren. Zu schnell ging das alles. Was sich erst später herausstellt: Im Netz war ein kleines Loch, durch das der Ball hindurchflutschte. Selbst schuld, wenn man seine Tornetze nicht in Schuss hält, mag sich da mancher denken und zur Tagesordnung übergehen. Allerdings war das für Kieß-

ling kaum möglich. Seine Facebook-Seite wurde in den Stunden nach dem Spiel von einem Shitstorm heimgesucht. Kießling selbst gab sich äußerst zerknirscht und hat nun wohl noch länger die Last zu tragen, als unfairer Spieler zu gelten. Und die Bundesliga hat ihr zweites prominentes Phantomtor (→ 23.).

**71** **Minute: 28.05.1997, München, Champions-League-Finale, Dortmund – Turin:** Mit einem kunstvollen Heber aus 30 Metern über Peruzzi erzielt Lars Ricken nur 16 Sekunden nach seiner Einwechslung mit seinem ersten Ballkontakt das spielentscheidende 3:1 gegen Juventus. Der Treffer wird zum Tor des Jahres 1997 gewählt. Mit nur 21 Jahren ist Ricken auf dem Höhepunkt seiner Karriere, er ist der Coverboy der Bundesliga – und das bekannteste unter den ewigen deutschen Talenten dieser Zeit. In einem millionenschweren Nike-Werbespot geht er seinem Gewerbe ans Leder: *Ich sehe VIP-Logen, wo früher Stehplätze waren, Spieler, die mehr mit den Medien reden als mit dem Coach. Ich sehe Vereine, die teure Stars kaufen, statt den Nachwuchs zu fördern.* Abgesehen davon, dass das Filmchen ziemlich genau die damalige Lage bei seinem Klub Borussia Dortmund beschreibt, bekommt Ricken der frühe Ruhm schlecht. Sein Tor gegen Turin ist ein Versprechen auf eine einzigartige Karriere, doch es bleibt Rickens einziger magischer Moment. Nach der Weltmeisterschaft 2002

tritt er aus der Nationalelf zurück, nachdem er keine einzige Minute im Turnier gespielt hatte.

Ricken steht damit in einer Reihe mit anderen One-Hit-Wonders der Neunziger: Der Südafrikaner Sean Dundee schießt für Karlsruhe in 61 Spielen 33 Tore, der Boulevard liebt »Crocodile Dundee«, Bundestrainer Vogts lobt und lockt, aufgrund eines *herausragenden nationalen Interesses* wird Dundee im beschleunigten Verfahren eingebürgert. Kaum aber ist Dundee Deutscher, verliert er auf rätselhafte Weise seine Form, seine Schüsse landen in der Kurve, und nicht nur bei seinen Dribblings fehlt dem Stürmer plötzlich die Orientierung. *Ich bleibe auf jeden Fall wahrscheinlich beim KSC,* erklärt Dundee. Auf jeden Fall bringt ihn der neue deutsche Pass erst einmal zum Wehrdienst ins Abwehrbataillon nach Bruchsal. Die WM 1998 in Frankreich bleibt ein Traum.

Auf immerhin einen Einsatz in der Nationalelf kommt das Supertalent Marco Reich 1999 im Spiel gegen Kolumbien. Ein Jahr vorher ist der Kaiserslauterer mit nur 18 Jahren Deutscher Meister geworden. Reich fliegt alles zu, er muss sein Glück nur aufheben und vergisst sich zu bücken. Genügsam erklärt der Pfälzer: *Ich will ein bisschen Fußball spielen. Mehr verlange ich nicht vom Leben.* Während Reich immer antriebsloser durchs Kaiserslauterer Mittelfeld steuert, sitzt auf der Bank der zwei Jahre ältere Michael Ballack. Der hält Ehrgeiz für

sein größtes Talent, behält damit Recht, wird später Klinsmanns Capitano und heuert bei Chelsea London an (→ 38.). Reich dagegen bleibt das ewige Talent, kickt erst für den englischen Zweitligisten Crystal Palace, dann in Polen und Österreich.

Und Franco Foda? Am 12. Dezember 1987 im Freundschaftsspiel gegen Brasilien kommt er in der 82. Minute zum ersten seiner insgesamt zwei Kurzeinsätze im Nationalteam. An sich nichts Besonderes – wenn nicht das halbe Stadion nach der Vorstellung von Foda minutenlang gewiehert hätte. Franco Foda, das heißt auf Portugiesisch so viel wie: Ficken umsonst.

Auf sein einziges Spiel im Nationaltrikot hätte dagegen der Verteidiger Zoltan Sebescen sicherlich gerne verzichtet. Zwei Mal kommt er 2000 in der Amsterdam-Arena gegen den Niederländer Zenden zu spät, zwei Gegentore bedeuten zur Pause die Auswechslung. Zwei Jahre später spielt Sebescen mit Leverkusen die Saison seines Lebens. *Uns kann eigentlich keiner mehr schlagen. Außer wir uns selbst. Daran arbeiten wir*, prophezeit Sebescen und liegt damit richtig. Leverkusen wird nicht Meister, versemmelt den Pokal und verliert auch noch das Champions-League-Finale gegen Real Madrid. Seither heißt in England Leverkusen nur Neverkusen.

**72 Minute: 14.06.1980 Neapel, EM-Gruppenspiel, Deutschland – Niederlande:** Lothar Matthäus betritt jene Weltbühne, die er bis heute nicht verlassen hat. Nach drei Allofs-Toren zum 3:0 bringt Bundestrainer Jupp Derwall Lothar Matthäus, liebliche 19 Jahre jung, für die letzten 17 Minuten. Sieben Minuten ist Lothar bei seinem ersten Länderspiel auf dem Platz, schon hat er einen Elfer verschuldet. Danach muss er weitere 17 Monate warten, ehe er am 18.11.1981 in Dortmund die nächste Chance in der Nationalmannschaft erhält und Rekordnationalspieler wird (→ 63.). Ja, und außerdem der Spieler mit den meisten WM-Einsätzen der Welt. 150 Länderspiele bestritt Lothar, davon 25 WM-Spiele, mehr als jeder andere. Mehr als jeder andere brachte er sich auch später als Trainer ins Spiel. Eine kleine Auswahl seiner Selbstvorschläge: Deutsche Nationalmannschaft, 1. FC Nürnberg, Bayer Leverkusen, 1. FC Köln.

In Deutschland traute man der Sache aber nicht so richtig, schließlich ging Matthäus auch im Privatleben ziemlich steil: Nach Sylvia und der legendären Lolita wechselte Matthäus in schneller Folge die Partnerinnen, bis er bei vier gescheiterten Ehen zur Ruhe kam. Auch hier rekordverdächtig. Möglich, dass den Frauen auch die vielen Umzüge auf die Nerven gingen. Die Trainerstationen in dieser Zeit: Rapid Wien, Partizan Belgrad, Ungarn, CA Paranaense, Red Bull Salzburg (Co-Trainer), Maccabi Netanya und Bulgarien. Und zwischen-

durch kam noch eine Rolle in Alarm für Cobra 11 dazwischen – wo Matthäus wen spielte? Genau: sich selbst.

**73** **Minute: 23.11.2002, Barcelona – Real Madrid:** Das erste Spiel von Luis Figo nach seinem Wechsel von Barcelona nach Madrid, vor 98.000 Zuschauern. Als Figo einen Eckball treten will, hagelt es Wurfgeschosse, darunter ein Schweinskopf, der neben Figo aufs Feld platscht. Schiedsrichter Medina Cantalejo unterbricht die Partie für zehn Minuten. Das Spiel ist schlecht und endet 0:0. Eine kleine Liste prominenter Verräter, die wie Figo zum Erzrivalen wechselten:

Bernd Schuster: vom FC Barcelona zu Real Madrid; von Real zu Atlético Madrid
Andreas Möller: von Dortmund zu Schalke
Christian Vieri: von Inter Mailand zum AC Mailand
Roberto Baggio: von Juventus Turin zum AC Mailand
Luis Enrique: von Real Madrid zum FC Barcelona
Clarence Seedorf: von Inter Mailand zum AC Mailand
Sol Campbell: von Tottenham Hotspurs zu Arsenal London

**74 Minute: 08.04.1990, Bergamo – Neapel:** In der italienischen Meisterschaft liefern sich der AC Mailand und der SSC Neapel ein Kopf-an-Kopf-Rennen, das letztlich durch die Schlitzohrigkeit von Napolis Manager Luciano Moggi, der grauen Eminenz des Calcio, entschieden wird: Der SSC spielt bei Atalanta Bergamo, es steht 0:0, als Napolis Brasilianer Alemão von einer aus dem Zuschauerpulk geworfenen Münze am Kopf gestreift wird. Alemão hat keinen Kratzer, aber Moggi befiehlt ihm das ganz große Theater. Unter Wehklagen wird Alemão ins Hospital gebracht, wo Napoli-Präsident Corrado Ferlaino Journalisten mit zitternder Stimme berichtet: *Er hat mich nicht mal erkannt.* Moggi erwirkt am Grünen Tisch einen 2:0-Sieg, Napoli wird zum zweiten Mal nach 1987 Meister. Das ist zugleich Höhepunkt und Abschluss der magischen Beziehung zwischen Neapel und Maradona. Der flieht 1991 aus der Stadt – nach einer positiven Dopingprobe.

**75 Minute: 13.05.1989, Köln – Dortmund:** Falko Götz schießt das 2:0 für den 1. FC Köln. Es ist der große Tag des »Motivators« Christoph Daum. Köln ist auf einen Punkt an den Bayern dran, die bei den Stuttgarter Kickers 2:0 verlieren. Folge einer Daumschen Innovation: der Psychokampagne. Daum redet sich als »Rächer der Enterbten« in Rage, der sich gegen die bajuwarische

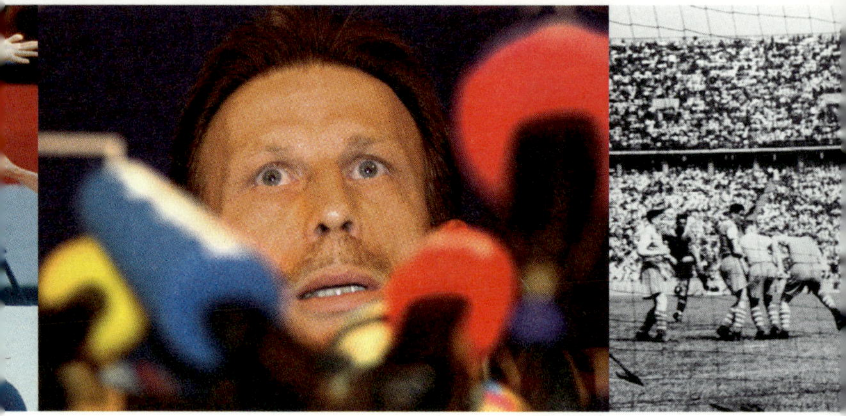

Übermacht stemmt, dem Kollegen Heynckes empfiehlt er, *doch besser für Schlaftabletten Werbung zu machen.* Er nagelt 1.000-Mark-Scheine an die Wand der Kabine, um, so Daum, die *Spieler an der Siegprämie schnuppern zu lassen.* Den Fans verspricht er Freibier, wenn sie das Team bejubeln. Ging auch fast gut, aber eben nur fast. Zwei Spieltage später siegt Bayern 3:1 in Köln, drei Mal trifft Roland Wohlfarth, Bayern wird Meister. Später hat den Motivationskünstler Christoph Daum die übersteigerte Selbstmotivation möglicherweise in die Kokainsucht geführt. Hier noch einmal Daums fünf markanteste Tricks:

Fußballer vor dem Spiel über Glasscherben laufen lassen. Alle Uhren fünf Minuten vorstellen. Biografien großer Männer lesen. Sich immer sagen: *Du musst der sein, der den Abzug zieht.* Mehrere Tausend Mark Strafe in die Mannschaftskasse zahlen, wenn man als Profifußballer betrunken erwischt wird.

Im »Stern«-Interview sagte Daum einmal, dass er nur die deutschen Tugenden vertrete. Er habe während der Kokain-Affäre an Selbstmord gedacht. Aber selbst daraus schöpfte der vorbildliche Motivator ungeahnte Energie: *Ich habe in dieser Zeit ein gewisses Verständnis für Menschen empfunden, die den inakzeptablen Weg des Freitods wählen. Bei mir hat das Gott sei Dank Kräfte freigesetzt. Ich konnte gegen den Strom rudern! Energien freisetzen! Ich hatte gar keine Zeit, mich zu bedauern.*

**76 Minute: 22.06.1941, Wien, Finale um die Deutsche Meisterschaft, Rapid Wien – Schalke:** Nach dem Pokalsieg 1938 wird Rapid Wien Deutscher Meister 1941 – das einzige österreichische Team, das das je geschafft hat. Sportlicher Grund: die legendäre »Rapidviertelstunde«, sprich die letzten 15 Spielminuten, während derer die Mannschaft so manches verloren geglaubte Spiel noch dreht und die von den Rapid-Fans traditionellerweise rhythmisch und lautstark eingeklatscht wird. Diesmal schießt das Team um Torjäger Franz »Bimbo« Binder vier Tore und entreißt dem Gegner Schalke 04 nach 0:3-Rückstand mit 4:3 noch den sicher geglaubten Titel. Politischer Grund: Nach dem »Anschluss« 1938 spielten Österreichs Mannschaften bis 1944 in den nazideutschen »Sportbereichsklassen«.

**77 Minute: 22.06.1974, Hamburg, WM-Gruppenspiel, DDR – BRD:** Sparwasser trifft zum 1:0-Endstand im Systemkampf. Es wird die einzige Negativbilanz des DFB. Ost-Kommentator Heinz Florian Oertel, der Konter als »schnelles Umkehrspiel« zu bezeichnen pflegte und den Begriff »Standardsituation« erfand, hatte den Sieg so ideologisch einwandfrei eingeleitet, dass er später in dem Buch »Wieder keine Anspielstation. Fußballexperten: Die Kommentare des Grauens« einen Ehrenplatz erhält. Den schönsten Kommentar seiner Karriere aber widmete Oertel, der in der DDR insgesamt 17 Mal zum

Fernsehliebling des Jahres gewählt wurde, keinem Fußballer, sondern dem zweimaligen Olympiasieger im Marathon, Waldemar Cierpinski. *Liebe junge Väter oder angehende*, so säuselte Oertel angesichts von Cierpinskis Vorstellung ins Mikro: *Haben Sie Mut! Nennen Sie Ihre Neuankömmlinge des heutigen Tages ruhig Waldemar! Waldemar ist da!* Schön auch der Spruch: *Er war in Goldnähe, der Junge, und er erringt Bronze – prima, prima prima.*

**78 Minute: 21.06.1998, WM 1998 in Frankreich:** Am Rande des Spiels Deutschland gegen Jugoslawien zerstören deutsche Hooligans das Leben von Daniel Nivel. Eigentlich waren Hooligans bis zu jenem Tag nur Eingeweihten ein Begriff. Als Synonym für eine Horde hirntoter Loser, die sich am Rande von Sportveranstaltungen auf die leeren Köpfe haut. Aber von diesem Tag an weiß jeder, was passiert, wenn Hools auf Menschen treffen. Dass sie alles versauen können, den Spaß am Sport, die Gastfreundschaft, die Beziehungen zwischen Vereinen, sogar zwischen Ländern.

Der französische Polizist Daniel Nivel erhält traurige Bekanntheit, als er in einer kleinen Gasse im französischen Lens deutschen Hooligans zum Opfer fällt, die ihn überrennen, mit einem Schild niederschlagen und, als er bewusstlos am Boden liegt, nicht aufhören, auf ihn einzutreten. Nivel überlebt den Gewaltexzess und fällt in ein wo-

chenlanges Koma, aus dem er mit irreversiblen Gesundheitsschäden aufwacht. Er kann kaum noch sprechen, ist auf einem Auge blind und gehbehindert.

Die Haupttäter werden identifiziert und zu Haftstrafen verurteilt, zudem erhalten sie Einreiseverbote für Frankreich. Geschockt und beschämt erwägt der DFB, die deutsche Nationalmannschaft aus dem Turnier zurückzuziehen, entscheidet dann jedoch, dass der Sport nicht durch Idioten zerstört werden darf. Bei der WM 2006 in Deutschland ist Nivel Ehrengast und besucht das Spiel Deutschland gegen Polen im Dortmunder Westfalenstadion. Nach ihm wird ein Turnier benannt, der Daniel-Nivel-Cup, und es wird eine Stiftung eingerichtet, die sich der Erforschung und Prävention von fußballorientierter Gewalt widmet.

**79 Minute: 13.04.1995, Dortmund – Karlsruhe:** Ein Flug, der in die Geschichte eingeht. Am Gründonnerstag, elf Minuten vor Spielschluss, segelt der Dortmunder Andreas Möller gefühlte zehn Meter durch den Strafraum des KSC und lässt sich dann dramatisch fallen. Der Schiedsrichter pfeift Elfmeter, später allerdings beweisen Fernsehbilder: Das nächste Verteidigerbein war gut einen Meter entfernt. Möller wird gesperrt, ein Novum in der deutschen Fußballgeschichte. Andreas Möller gilt seither als Erfinder des Langstreckenflugs im Sechzehner, als Airbus des Strafraums, als König aller

Schwalbenkönige. Eingedenk seines auch ansonsten recht empfindsamen Habitus war Möller Zeit seiner Karriere der Prototyp des verweichlichten, verhätschelten Profis mit dicker Brieftasche und ohne jenes Gespür für Fairplay, das die Altvorderen einst auszeichnete.

Dabei tut man Möller bitter unrecht, zumindest was die Erfindung der Schwalbe angeht. Die wurde nämlich bereits im WM-Endspiel 1974 erfunden: Es rannte nämlich der Frankfurter Bernd Hölzenbein beherzt gegen ein holländisches Verteidigerbein und ließ sich anschließend so blitzartig fallen, dass Schiedsrichter Taylor aus England instinktiv in die Pfeife blies. Hölzenbein sprach später maliziös davon, sich *nicht mehr gegen die Schwerkraft gewehrt* zu haben.

Das Beispiel machte Schule. Fortan sank immer mal wieder ein Stürmer im Strafraum überraschend zu Boden, ohne dass ein Verteidiger auch nur in der weiteren Umgebung gewesen wäre. Die Angreifer orientierten sich dabei stets an der Hölzenbein-Methode, dem sogenannten »Schleppanker« (»FAZ«-Reporter Christian Eichler). Es war aber auch zu einfach: Verteidigerbein suchen, dagegen rennen, fallen lassen. Das funktionierte in erstaunlicher Regelmäßigkeit, und nachzuweisen war die Betrugsabsicht in Zeiten unscharfer ARD-Kameras nur selten. Da konnte Bielefelds finnischer Flieger Pasi Rautiainen nach einem geschundenen Elfmeter auf die Frage, ob Schwalbe oder nicht, ganz treuherzig verkünden: *Muss ich mir erst im Fernsehen anschauen!*

Richtig in Mode kam der Langstreckenflug im Strafraum in den Neunzigern. Und erst jetzt setzte sich auch die Bezeichnung »Schwalbe« so recht durch, vorher sprach man umständlich von einem »geschundenen Elfmeter«. In manchen Spielen der Weltmeisterschaft 1994 warfen sich nun im Abstand von gefühlten 30 Sekunden Stürmer im Strafraum zu Boden, als hätte sie der Vietcong aus dem Hinterhalt erwischt.

Vier Jahre später wurde es noch ärger, Jaap Stam, der knorrige holländische Innenverteidiger mit Hang zum Pferdekuss, resümierte: *Man kann von der Weltmeisterschaft 1998 ein Video nur mit Schwalben machen, es würde eine Stunde dauern!* Und auch kaum ein Bundesligaspiel verging Mitte der Neunziger ohne drei bis fünf Schwächeanfälle im Strafraum. Andreas Möller, Carsten Jancker vom FC Bayern, aber auch Jörgen Pettersson von Borussia Mönchengladbach oder Michael Sternkopf von Arminia Bielefeld perfektionierten ihre Technik. Pettersson etwa schleuderte gerne in einer gewagten gymnastischen Übung seine Beine nach hinten, während Sternkopf sich selbst in die Hacken trat und dann bühnenreif stürzte.

Dass noch heute so fleißig geschwalbt wird, ist ein Anachronismus des Profigeschäfts. Denn wenig verdirbt das fusselfreie Image eines Fußballers so ausdauernd wie der Ruf, ein linker Hund zu sein. Und klebt dem Spieler erst einmal das Etikett des Schwalbenkönigs auf dem Hintern, gibt es kein Entkommen mehr.

Den einzigen Ausweg aus dem Klischee hat bereits Jürgen Klinsmann genommen. Anlässlich seines Wechsels zu den Tottenham Hotspurs hatten ihn die dortigen Anhänger als »Diver«, Taucher, der englischen Entsprechung zum Schwalbenkönig, geschmäht. Klinsmann erfand daraufhin den »Diver«, einen Torjubel, der den Spieler bäuchlings über den Rasen rutschen ließ, eine ironische Referenz an sein Image.

**80 Minute: 26.05.1999, Barcelona, Champions-League-Finale, Manchester United – Bayern:** Eine beliebte Theorie zu diesem Endspiel, das erst überwiegend langweilig war und dann wegen späten Irrsinns ein Klassiker wurde, lautet: Es war das falsche Signal für die Münchner Mannschaft, Lothar Matthäus, in jenem Frühjahr 38 Jahre alt, gegen irgendeinen Ersatzspieler, in diesem Fall Thorsten Fink, auszuwechseln. Vielleicht ist sogar was dran, unterbewusst. Denn bei klarem Verstand denkt kein Spieler bei einer 1:0-Führung in einem Champions-League-Finale, die Sache sei gelaufen, nur weil der betagte Ex-Leitwolf das Feld verlässt – wenn noch zehn Minuten zu spielen sind. Seit diesem Spiel weiß man, dass die Sache nicht mal dann gelaufen ist, wenn bereits die Sekunden bis zum Abpfiff gezählt werden. Eine beliebte Bewertung dieses Endspiels war hernach: Tragödie. Was großer Unfug ist, denn zwei Gegentore in der 90. Minute

eines Endspiels sind keine Tragödie, sondern ein Spektakel. Es ist auch Unfug, weil dieses Spiel inzwischen ein nützliches Accessoire für Bayern München geworden ist. In seinem Daunenbett der Dauererfolge ist es dem Verein zum pieksenden Federkiel geworden, durch den sich alle Bayern nach Belieben versichern können, dass auch sie Manns genug sind, nach hammermäßigen Niederlagen wieder aufzustehen.

**81 Minute: 24.06.1958, Göteborg, WM-Halbfinale, Schweden – Deutschland:** Die harten Tacklings der deutschen Mannschaft in den vergangenen Spielen, das lärmende Auftreten ihrer Fans und die unvergessene Nazivergangenheit hatten sich zu einer überaus gereizten Stimmung gegen den amtierenden Weltmeister (→ 84.) verdichtet. Wie *Höllenglut* empfand Fritz Walter die Hysterie des Publikums in Göteborg, wo sich etwa 2.000 deutsche »Schlachtenbummler« zwischen 50.000 Schweden verloren.

Das Spiel der Schweden begann recht stürmisch. Und doch stand es nach einem halben Dutzend Ecken für die Hausherren plötzlich 1:0 für Deutschland. Dann kam aber schnell das 1:1, ein Tor, das die Deutschen wegen eines vorausgegangenen Handspiels nicht akzeptieren wollten, dann aber doch hinnahmen. Am Ende, nach einem harten, großen Spiel mit blitzschnell wechselnden Situationen, verloren die Deutschen. Die beiden Siegtore für die Schweden fielen in den letzten zehn Minuten.

Da war die Herberger-Truppe praktisch schon auf neun Spieler geschrumpft. Zunächst musste der Düsseldorfer Erich Juskowiak den Platz verlassen, weil er sich zu einem Revanche-Tritt gegen den listigen Schweden Hamrin hatte hinreißen lassen, der ihn genervt und provoziert hatte. Schließlich wurde auch noch Fritz Walter nach einem rüden Einsatz des Schweden Parling verletzt und humpelte bis zum Schluss als Statist auf Rechtsaußen herum. Aber als Juskowiak mit hängendem Kopf den Platz verließ und immer nur vor sich hinschrie: *Was habe ich denn getan? Ich habe doch nichts gemacht!*, da blickte Herberger stur an ihm vorbei. Er fand keine Geste für den Mann, der eine Zehntelsekunde lang die Nerven verloren hatte und nun der unglücklichste aller Fußballer war. Er hatte das Schicksal der Deutschen besiegelt. *Vier Jahre Arbeit waren für die Katz,* konstatierte Herberger verbissen. Und obwohl Eva Herberger ihren Mann gleich anrief, um ihn zu ermahnen, nicht allzu streng mit dem Übeltäter umzuspringen, verfügte der eisig: *Jus, Sie werden nicht mehr in der deutschen Nationalmannschaft spielen. Man fliegt nicht vom Platz.* Es dauerte eine Zeit, bis Juskowiak dann doch wieder im Trikot der Nationalmannschaft auflaufen durfte.

Als Fritz Walter vom Platz getragen wurde, stand Herberger neben der Außenlinie. Schweigend verfolgte er Walters Versuche, das Bein zu strecken und zu dehnen. *Gehts nicht mehr, Fritz?*, fragte er ruhig. *In diesem Augenblick war ich ihm wichtiger als das ganze Spiel,*

spürte Fritz Walter, der den Masseur Deuser drängte, ihm einen Klebeverband zu machen, damit er wieder ins Spiel gehen konnte. *Machen Sie sich bloß nicht verrückt, Fritz*, sagte der Chef. *Wenns geht, ists gut, gehts nicht, ists auch nicht zu ändern.*

Das Spiel gegen Schweden in Göteborg hatte zwischen den beiden Ländern klimatisch die Eiszeit ausbrechen lassen. *Hätte man damals nicht 1958, sondern 1598 oder 1589 geschrieben, wären sicherlich hier wie dort Regimenter aufgestellt, Kanonen geputzt und Säbel geschliffen worden*, hieß es nachträglich ironisch in einem deutschen Kommentar. Es war eine Kriegsstimmung, die im Fußballstadion begann und die in den Sportspalten der Zeitungen und an den Stammtischen fortgeführt wurde. Der vom Platz gestellte Juskowiak kriegte Waschkörbe voller deutschnationaler Fanpost. Und selbst die diplomatischen Beziehungen zwischen beiden Ländern sanken auf ein Niveau, dass es in den Jahren danach etlicher Vernunft, Einsicht und großer Bereitschaft zum Vergessen bedurfte, um die Folgen der Weltmeisterschaft von Schweden zu überwinden.

**82 Minute: 07.07.1974, München, WM-Finale, Deutschland – Niederlande:** Sepp Maier, genannt die Katze von Ansing, hält in der zweiten Hälfte der Partie den Sieg fest. Der Held steht mit einem himmelblauen Trikot im Tor, wenn er denn mal steht. In

Wahrheit hat Sepp Maier während dieser zweiten 45 Minuten nicht einen Moment lang nichts getan. Diese Halbzeit glich einem einzigen wütenden Angriff der Anderen, einem orangenen Sturmlauf gegen den Mann in Himmelblau. Der hechtete nach links und rechts, nach oben und unten und verhinderte mit atemberaubenden Paraden und durch anmutige Flüge ein ums andere Mal, dass der Ball die Linie überquerte. Sepp Maier rettete den Seinen den 2:1-Sieg. Fünf Jahre später beendete ein schwerer Autounfall die Karriere des 35-Jährigen. Schwere Verletzungen (Rippenbrüche, Armbruch, Gehirnerschütterung, Zwerchfellriss) machten eine Rückkehr ins Tor unmöglich.

*Es war innen drin bei mir so ziemlich alles kaputt,* erinnerte sich der gebürtige Niederbayer später. Erst 1987 kehrte er zurück in die Nationalmannschaft – als Torwarttrainer.

**83** **Minute: 18.05.2013, Paris – Brest:** Natürlich weint David Beckham, als er, um den Applaus eines sentimentalen Stadions zu empfangen, an diesem Frühlingsabend den Platz verlässt. Doch irgendwann ist auch für einen Schluss, der sich nicht als Arbeitstier verschlissen hat. Ein Spezialist für Standardsituationen, der seine sportlich herausragende Zeit in Manchester erlebte, dann interessante Jahre in Madrid, entspannte in Los Angeles und ein lukratives Finale in Paris. David Beckham war nicht nur ein Künstler am

ruhenden Ball, er war auch eines der ersten globalen PR-Supervehikel des Fußballs. Und wird es bleiben. Beckham. Das ist kein Name. Das ist eine Marke. Ihre Strahlkraft rührt daher, dass Beckham über den Fußball hinaus die Dimensionen erweitert hat, was einen Kerl ausmachen kann. In all seiner Widersprüchlichkeit: volltätowiert und Feingeist, englischer Nationalmannschaftskapitän und Prototyp des metrosexuellen Mannes, passionierter Familienvater und Damenunterwäschefetischist. Jedenfalls wenns um die Wäsche seiner Frau geht. Die mauserte sich vom geschmacksverirrten Girl-Group-Starlett zu einer vergötterten Modedesignerin. Inzwischen ist in manchen Sphären Victoria Beckham berühmter als David – auch, wenn der noch mal mit kleinem Bäuchlein für den schwedischen Textil-Discounter H&M Unterwäsche vorführt.

**84** **Minute: 04.07.1954, Bern, WM-Finale, Deutschland – Ungarn:** *Rahn müsste schießen, Rahn schießt und TOOOR! TOOOR! TOOOR!* Mit diesen Worten kommentierte der Radioreporter Herbert Zimmermann das Wunder von Bern. Neun Jahre nach Ende des Krieges, der Deutschland auch moralisch verwüstet hatte, war der Sieg im (mittlerweile abgerissenen) Berner Wankdorf-Stadion eine traumhafte Therapie. Man war wieder wer. Helmut Rahn, den man den Boss rief, schoss das Land aus der Sinnkrise und machte sich

unsterblich. Den Ruhm aber hat er nie verkraftet. 1957 fuhr Rahn betrunken in eine Baugrube und deckte die Verkehrspolizisten mit Tritten und Schlägen ein. Auf dem Spielfeld mehrten sich ebenfalls die Ausfälle, bis Rahn 1965 seine Karriere beendete. Danach versuchte er es als Gebrauchtwagenhändler mit mäßigem Erfolg. Öffentlich trat er kaum noch in Erscheinung. Am ehesten konnte man ihn noch in seiner Essener Stammkeipe treffen, der »Friesenstube«, wo heute noch eine Gedenktafel an den 2003 Verstorbenen erinnert.

**85 Minute: 29.04.1972, London, EM-Viertelfinale, England – Deutschland:** Günter Netzer, erster kickender Jetset-Hippie, schlenzt beim Stand von 1:1 den Ball gegen den Innenpfosten und dann ins Tor; drei Minuten später legt Netzer Gerd Müller den Ball auf, kurz darauf wird er Europameister, der talentierteste, aber auch egoistischste Fußballer der legendären ’72er-Elf, die zudem taktisch Maßstäbe setzt. Bei der Partie hatte Netzer mit Beckenbauer abwechselnd Libero gespielt und so die Engländer hochgradig irritiert; vor allem aber gelingt dem Team endlich die Revanche für 1966. »FAZ«-Feuilletonist Karl Heinz Bohrer bereichert daraufhin das Fußballdeutsch um die feinen Ausdrücke »thrill« und »aus der Tiefe des Raumes«: *Dieser Stakkatoschrei, den wir 1966 grimmig, aber doch verzückt im Fernseher erstmals bewusst zu hören bekamen, bei dem*

*der Akzent auf der ersten Silbe, bei knappster Ausführung beider Silben, dieses majestätische Ritual, dies ›England‹ ist für den Fußball-Engagierten noch schöner, als es die irren Schlagzeilen der Londoner Presse nach der Katastrophe waren … Deshalb würde Wembley immer der einzige Ort auf Erden sein, wo das Spiel das bekommt, was die artistischen Spiele südländischer Mannschaften nie entwickeln und was auch unsere Teams bei aller taktischen Intelligenz selten entwickeln: den fantastischen, höchst seltsamen, wunderbar kühlen ›thrill‹, um es mit dem englischen Wort zu sagen, was auf deutsch mit ›Spannung‹ nicht richtig erfasst ist: Erdbeben, Schauer wäre besser. Wir haben nur ein Beispiel dafür: Der aus der Tiefe des Raumes plötzlich vorstoßende Netzer hatte ›thrill‹. ›Thrill‹, das ist das Ereignis, das nicht erwartete Manöver, das ist die Verwandlung von Geometrie in Energie, die vor Glück wahnsinnig machende Explosion im Strafraum, ›thrill‹, das ist die Vollstreckung schlechthin, der Anfang und das Ende. ›Thrill‹ ist Wembley.*

**86 Minute: 30.09.2007, Shanghai, WM-Finale der Frauen, Deutschland – Brasilien:** Frauenfußball. Dazu lässt sich viel oder auch gar nichts sagen. Es gibt Verächter und Anhänger, unbeugsamen Chauvinismus hier, sektenartige Begeisterung dort. Und alles nur, weil es Männerfußball gibt und der weit über das Spiel

hinaus einen identitätsstiftenden Mehrwert hat, der Frauenfußball ebenso fehlt wie Männertischtennis. Auch ist Männerfußball athletischer, und es wird mehr gefoult, was ein nicht zu unterschätzendes Merkmal ist, um Leidenschaft zu wecken und zu nähren. In diesem Sinne war dieses Weltmeisterschaftsendspiel ein kleiner Fortschritt auf dem unendlichen Weg zur Emanzipation. Die Finalisten pflegten konträre Spielphilosophien, und die Partie integrierte schnell und mühelos die vermeintlich männlichen Komponenten Dynamik und, noch besser: Fiesheit. Das war nicht schlecht. Und auch spannend – bis Simone Laudehr den Ball zum 2:0 ins brasilianische Tor köpfte. Laudehr freute sich so unbändig, dass sie ihr Trikot hochriss, was einen ziemlich sexy durchtrainierten Waschbrettbauch unter schwarzem Sport-BH zum Vorschein brachte. Eine der tristesten Eigenschaften des Frauenfußballs ist seine öffentliche Verklemmtheit. Hier war sie einen Moment vergessen. Wieder ein Fortschritt.

**87** **Minute: 28.07.1987, Supercup-Finale, Bayern – HSV:** Jürgen Wegmann trifft, Uli Stein knallt ihm eine und erinnert sich später wie folgt: *Wir halten das 1:1 bis zur 87. Minute. Hektik, Dramatik, Kampf gehen unter die Haut. Dann hämmert Pflügler den Ball aus 20 Metern gegen die Latte. Jürgen Wegmann steht völlig unbewacht im Sechzehner, schaltet schnell und schiebt den Abpraller*

*an mir vorbei ins Netz. Wegmann fällt über mich. Außer sich vor Freude, stößt er einen Schrei aus, der in einem unartikulierten »Tooaua« endet. Ich drehe mich zu ihm um. Er setzt sich auf, will zum Jubellauf starten. Wir sitzen uns gegenüber wie Kinder im Sandkasten. Unsere Blicke treffen sich. Ich fühle den Blackout kommen. Der Kopf bäumt sich vergebens gegen den Körper auf. Meine Hand ballt sich zur Faust. Ich ergebe mich dem Reflex. Meine Faust schnellt hoch an sein Kinn. Sofort stehe ich auf, hole den Ball aus dem Netz und trockne ihn an meinem Pulli. Ich weiß nicht, warum.*

**88 Minute: 19.05.2012, Champions-League-Finale, Bayern – Chelsea:** Ganz allein kompensierte Didier Drogba die irritierende Überlegenheit der Bayern in diesem Spiel – weil er diesen Titel unbedingt wollte. Und: Weil ihn nicht die Versagensgeister plagten, die seine Gegner verfolgten. Finale dahoam, mit diesem Frohlocken waren die Bayern seit Monaten allen auf die Nerven gegangen. Am Ende hielten die eigenen Nerven nicht stand.

Sie sehnten den Abpfiff herbei. Nur noch eine Ecke überstehen, nur nicht wieder straucheln wie 1999 … Der Ball aber wollte zu Drogba, der ihn tänzelnd empfing und ins Tor köpfte. Später entschied er auch das Elfmeterschießen zugunsten von Chelsea. Anders als nach der epochalen Niederlage gegen Manchester United 1999 brauchten

die Bayern nur ein Jahr, bis sie den Titel dann doch gewannen. Sie waren so in Rage, dass sie in dieser Saison alle Titel holten, die im Vereinsfußball überhaupt zu holen sind. Sie sollten Didier Drogba sehr dankbar sein.

**89 Minute: 29.05.1999, letzter Bundesligaspieltag:** Gladbach und Bochum sind bereits abgestiegen – Nürnberg (37 Punkte), Stuttgart (36), Freiburg (36), Rostock (35) und Frankfurt (34) machen den dritten Absteiger unter sich aus. Stuttgart gewinnt sicher gegen Bremen, Frankfurt sieht lange wie der sichere Absteiger aus – schließlich gelingt Jan-Aage Fjörtoft das entscheidende 5:1. Die WDR-Kommentatoren Manni Breuckmann (Bochum – Rostock), Günther Koch (Nürnberg – Freiburg) und Dirk Schmitt (Frankfurt – Kaiserslautern) werden Legenden der Konferenzschaltung:

**Koch:** *Radio, das schnellste Medium der Welt. Aber sie tun mir leid, die Rostocker. Wenn es dabei bleiben sollte, haben wir keinen Verein mehr in der Bundesliga aus dem Osten. Hansa Rostock, im Moment, 17:05 Uhr, in der zweiten Liga. Darüber kann man sich, darüber darf man sich nicht freuen. Im Moment in Nürnberg der Spielstand 0:2, gebanntes Hören an den Radios, aber nichts zu sehen von den Clubberern. Wo bleibt eure Ehre, was habt ihr eurem Publikum zu bieten?*

**Breuckmann:** *Tor in Bochum! Tor! Tor in Bochum! Ausgleich für*

*Rostock. Agali hat es gemacht. Und es ist die 77. Spielminute. Hansa Rostock bäumt sich noch mal auf. Obwohl auch dieses Unentschieden nach den Spielständen, die wir kennen, nichts nützt. Aber die Hoffnung für die Ostseestädter ist noch nicht vorbei. Und dieses Spiel ist noch nicht gelaufen.*

**Schmitt:** *Tor in Frankfurt! Tor in Frankfurt!! 3:1 für die Eintracht!!! Von der linken Seite dringt Marco Gebhardt in den Strafraum ein, und so, als habe es die ersten 30 Spiele der Saison nicht gegeben, schießt dann Marco Gebhardt aus einem ganz spitzen Winkel mit dem linken Fuß den Ball unter die Latte. Es heißt 3:1, und jetzt müsste wenigstens die Eintracht hier im Waldstadion den Sieg nach Hause schaukeln …*

**Breuckmann:** *Jetzt kommt es darauf an. Sollte Hansa jetzt noch ein Tor machen, wäre Rostock nicht im Keller, wäre Rostock nicht unten. Alles werden sie jetzt daran setzen, in den letzten elf Minuten noch einmal alle Kräfte zu mobilisieren … Weiter jetzt mal mit Günther Koch in Nürnberg …*

**Koch:** *Freiburg hat es in der Hand, die Bundesliga zu entscheiden, wenn Freiburg noch einen Treffer macht, denn die Clubberer werden keinen machen, so wie es aussieht, dann ist Frankfurt drin und der Club draußen. Nur noch zehn Zentimeter bestenfalls steht der Club vor dem Abgrund …*

**Schmitt:** *Tor in Frankfurt! Günther Koch! Tor in Frankfurt!*

**Koch:** *… der Club liegt hinten mit 0:2 gegen Freiburg, das ist Alibi-Fußball – wer hat geschrien?*

**Schmitt:** *Tor in Frankfurt!!! 4:1 für die Eintracht, Bernd Schneider macht den Treffer, Günther, und was heißt das? Das heißt, dass Frankfurt jetzt eine Tordifferenz von minus elf hat wie Nürnberg, aber die Eintracht hat mehr Tore erzielt, und nach meiner Rechnung, und ich bin kein großer Mathematiker, ist damit der 1.FC Nürnberg wieder in noch größere Abstiegsgefahr geraten. Also das ist kein Zweikampf mehr, das ist jetzt ein glasharter Dreikampf.*

**Koch:** *Du hast alles gesagt. Im Moment, es ist 17:11 Uhr, ist der Club fast abgestiegen. Alles hängt jetzt von Bochum gegen Hansa Rostock ab. Frankfurt ist besser, der Club taumelt, der Club hängt am Abgrund.*

**Breuckmann:** *… und Tooooor! Tor für Rostock!! Majak, der eingewechselte Majak macht ein Kopfballtor!!! Und 7.000 Fans aus Rostock, sie sind aus dem Häuschen. Hansa Rostock führt um 17:12 Uhr mit 3:2, und alles kann gut werden.*

**Koch:** *Toor! Tooor!! Toooor!!! Tor in Nürnberg!!!! Ich pack das nicht. Ich halt das nicht mehr aus. Ich will das nicht mehr sehen. Aber sie haben ein Tor gemacht. Ich glaube es nicht. Aber der Ball ist drin. Ich weiß nicht wie. Kopfball von Nikl. Die Leute haben gehört, dass*

*Frankfurt vorne liegt, dass Rostock vorne liegt, jetzt liegt der Ball im Netz. Nur noch 1:2. Ich halt das nicht mehr aus. Nein, es tut mir leid. 1:2, Nikl per Kopf, Flanke von Kuka. Treffer für die Clubberer. Es ist nicht zu fassen, wir waren in Bochum, wir waren in Frankfurt, wir sind in Nürnberg. Was gibt es Neues in Bochum?*

**Breuckmann:** *Welch ein Abstiegsdrama! Und die Sache ist ja vielleicht noch gar nicht gelaufen. 3:2 führt Hansa Rostock. Dabei waren sie schon einmal weg in der 73. Minute. Aber der VfL will es noch mal wissen. Der spielt schlicht und einfach mit. Der denkt nicht daran, dass morgen Urlaub ist. Die Bochumer sind zwar abgestiegen, aber sie verabschieden sich würdig aus der Fußballbundesliga … Frankfurt bitte …*

**Schmitt:** *… wo die Eintracht hier natürlich nach wie vor Druck macht. Sie weiß: Ein Tor könnte wieder den 1. FC Nürnberg in den Abgrund stoßen, überhaupt keine Frage. Und sie kommen jetzt wieder mit Christoph Westerthaler in der zentralen Position. Nur Sforza hat er noch vor sich. Dann ist es Fjörtoft, der ist im Strafraum. Und er trifft. Tor, Tooor für die Frankfurter Eintracht! 5:1! Herrjeeh! Welche Leistung! Und damit ist wieder Nürnberg in der zweiten Liga …*

**Koch:** *Hallo, hier ist Nürnberg, wir melden uns vom Abgrund. Nürnberg 1:2. So wie Bayern wegen des linken Torpfostens in Bar-*

*celona verloren hat, steigt der Club ab, wenn er absteigt, wegen des linken Torpfostens vor der Nordkurve. Nikl drosch den Ball an den Pfosten. Er war nicht zu erreichen. Torhüter Golz flog durch die Luft. Der Ball klatscht vom Pfosten zurück und ging nicht ins Tor, sondern vor die Füße von Frank Baumann. Frank Baumann bringt dann aus sechs Metern den Ball nicht im Tor unter, und so steht es nach wie vor nur 1:2. Der Club ist im Moment abgestiegen. Denn das Spiel hier ist aus! Adé, liebe Freunde, es ist nicht zu fassen, was der Club seinen Fans, was er seinen Anhängern und seinem treuen Publikum zumutet. Liebe Clubberer, es tut mir leid. Das musste nicht sein.*

**Breuckmann:** *Und, Günther, du tust mir auch leid. Erlaube mir dieses persönliche Wort an dieser Stelle. Die Clubberer, möglicherweise am Abgrund. Hier ist noch eine Minute zu spielen, und der VfL Bochum setzt alles daran …*

**Schmitt:** *Manni, ganz kurz …*

**Breuckmann:** *… noch ein Tor zu machen. Tor irgendwo?*

**Schmitt:** *Frankfurt ist aus. Das Spiel in Frankfurt ist aus. Grenzenloser Jubel. Die Frankfurter Eintracht hat den Klassenerhalt in der Ersten Fußballbundesliga gepackt …*

**Breuckmann:** *90. Minute, der VfL Bochum ist in Ballbesitz. Und dort unten stehen die Rostocker an der Außenlinie, signalisieren Markus Merk:* Nu pfeif doch endlich ab! *Das muss der aber noch nicht.*

*Gerade ist die 91. Minute erreicht und Ballbesitz für Hansa Rostock. Nur ein Tor des VfL kann jetzt den Club noch retten.* Macht Schluss, *sagen die Rostocker. Aber Markus Merk weiß ganz genau, dass er noch ein bisschen spielen lassen muss. (…) Da ist es vorbei. Hansa Rostock hat mit 3:2 gewonnen. Grenzenloser Jubel bei den 7.000 Fans, bei den Spielern, bei den Offiziellen. Hansa Rostock bleibt in der Bundesliga. Und ein schlimmes Schicksal für den 1. FC Nürnberg.* (Ende der Konferenz)

**90 Minute: 03.05.1949, Freundschaftsspiel, Benfica Lissabon – AC Turin:** In letzter Minute wird Mazzola gefoult, Menti verwandelt den Elfmeter zum 4:3. Es ist das letzte Tor im letzten Spiel einer Squadra, die in Italiens Fußballhistorie als einzige »grande« genannt wird. Vier Meistertitel in Folge hatte Torino Calcio gewonnen, in mancher Nationalelf spielten zehn Torino-Spieler. Im Mai 1949 stand der AC fünf Spieltage vor Schluss als Meister fest, die Portugalreise war die Belohnung. Am Tag nach dem Lissabon-Spiel, um 17:05 Uhr, zerschellt fast das gesamte Team samt Trainer in einer Propellermaschine am Turiner Hausberg Superga. Der Pilot hatte bei Nebel die Orientierung verloren. Am 6. Mai begleiten Hunderttausende die Leichen durch die Stadt. Der AC Turin verliert sich bis auf Weiteres im Schatten von Juve. Es bleibt nicht der einzige Absturz:

06.02.1958: Eine Maschine mit Manchester United an Bord verunglückt auf dem Flughafen München-Riem. Unter den Toten befinden sich acht Spieler des Teams.
16.07.1960: Acht Spieler der B-Auswahl Dänemarks sterben, als ihr Flugzeug bei der Landung in Kostrup abstürzt.
03.04.1961: Beim Rückflug von Osorna verunglückt das Flugzeug mit dem chilenischen Erstdivisionär Green Cross Santiago an Bord im Las-Lastimas-Gebirge. Niemand überlebt.
26.09.1969: Boliviens Spitzenklub The Strongest stürzt in den Anden ab. Alle 19 Spieler und Offiziellen finden den Tod.
31.12.1970: Algeriens Amateurklub Air Liquide Algier stürzt beim Flug nach Spanien zu einem Freundschaftsspiel ab.
07.10.1979: 17 Spieler des sowjetischen Oberligaklubs Pachtakor Taschkent fallen einem Flugzeugabsturz zum Opfer.
27.04.1993: 18 Spieler der sambischen Nationalelf kommen bei einem Absturz bei Libreville (Zentralafrika) ums Leben.
31.03.1998: Das Team von Leeds United überlebt eine Notlandung bei London, nachdem ein Triebwerk zu brennen anfing.

**90+** **Minute: 19.05.2001, Hamburg – Bayern:** Schalke müsste heute schon gewinnen und der FC Bayern München verlieren. Dann, in diesem unwahrscheinlichen Fall, wären

die Knappen Meister, das erste Mal seit 1958. Die Mannschaft stellt sich zunächst, wie gehabt, jedoch äußerst blöd an. Nach 28 Minuten liegt sie gegen Unterhaching schon mit 0:2 zurück. Keine Chance. Zumal die Bayern gegen Hamburg seelenruhig ein 0:0 halten.

Plötzlich geht es dann verwirrend schnell. Schalke schafft den Ausgleich. Kassiert wieder einen Gegentreffer. Greift weiter an. Erzielt drei Tore. Und führte in der 89. Minute schließlich uneinholbar 5:3. Der Jubel aus Gelsenkirchen ist noch nicht verebbt, da vermeldet der Reporter aus Hamburg Ungeheuerliches. Der Hamburger Sportverein hatte gerade, kurz vor Schluss, das 1:0 gegen die Bayern gemacht. Schalke ist Meister! Fast. Genau vier Minuten und 38 Sekunden lang. Dann bolzt der Bayern-Spieler Patrick Andersson mit unbarmherziger Wucht einen Freistoß in das Netz des Hamburger Tores. Und Schalke? Nichts.

**90+** **Minute: 08.06.1969, Honduras – El Salvador:** Im ersten Halbfinale um die Qualifikation für die WM in Mexiko schießt Honduras das 1:0. Fast genau zeitgleich mit dem Abpfiff des Spiels schießt sich Amelia Bolaños aus El Salvador in die Brust – der nationalen Schande wegen. Am nächsten Tag folgen der Präsident und tausende Salvadorianer ihrem Sarg zum Friedhof. Die Folge: sechs Tage Krieg und circa 3.000 Leichen. Eine Chronik des fatalsten Fußballspiels der Geschichte:

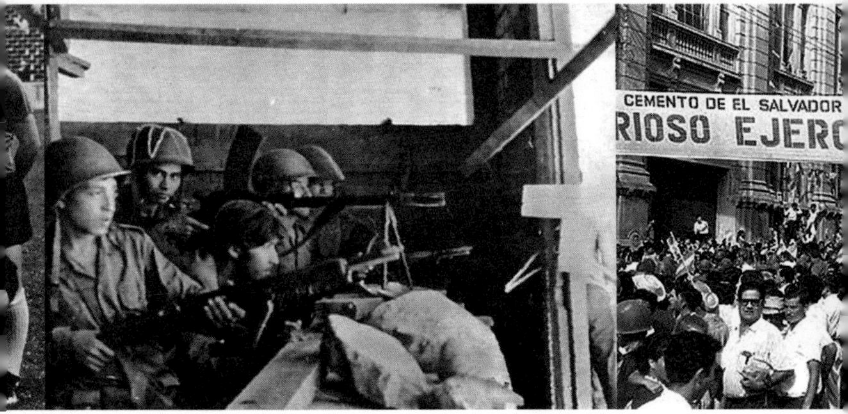


Die erste schicksalhafte Kugel dieses Abends war aus Leder. Ganz El Salvador schrie auf vor Schmerz, als sie Honduras Nationalstürmer Roberto Cardona in der 91. Minute rechts unten ins Netz des Tores der salvadorianischen Mannschaft knallte. Sekunden darauf: der Schlusspfiff in Tegucigalpa, Honduras. 1:0 für Honduras! Betrug! Ganz El Salvador schrie nach Rache. Die WM-Qualifikation für Mexiko 1970 war nun gefährdet. Das Tor: doch ungültig! War die offizielle Spielzeit nicht schon vorbei gewesen? Hatte das Hurenvolk Honduras nicht mit unlauteren Mitteln gesiegt? Waren die Fenster des Hotels der Mannschaft von El Salvador in Tegucigalpa nicht mit Steinen eingeworfen worden, nachts Trommler vor dem Haus aufgezogen, die stolzen salvadorianischen Spieler in Sprechchören mit dem Tode bedroht und um den Schlaf gebracht worden? Eine nationale Schmach, dieses Spiel. Eine absurde Katastrophe. Ein reines Unglück!

Die zweite schicksalhafte Kugel der Nacht war aus Blei. Sie ließ die hölzerne Stuhllehne am Schreibtisch von Amelia Bolaños Vater in San Salvador splittern und blieb stecken. Ein paar kleine blutige Fleischfetzen nagelte sie wohl noch im Holz fest. Der Fernseher nebenan im Wohnzimmer zeigte noch die geschlagenen Spieler Salvadors vom Rasen des Stadions in Tegucigalpa wanken. Die lauten Schreie des Vaters vor dem Schirm beweinten noch allein den Verlust des Spiels. Da schlug der Körper seiner Tochter Amelia Bolaños be-

reits leblos auf dem Teppich auf. Ihr Blut verfloss. Eine 18-jährige Salvadorianerin hatte sich nach der 1:0-Niederlage gegen Honduras mit der Pistole ihres Vaters ins Herz geschossen.

*Ein junges Mädchen, das es nicht verwinden konnte, dass sein Vaterland in die Knie gezwungen wurde*, schrieb tags darauf die Tageszeitung »El Nacional« und erreichte eine Traumauflage. Das Begräbnis der Amelia Bolaños, vom Fernsehen El Salvadors live übertragen, war ein nationales Ereignis. Eine Ehrengarde der Armee mit der Fahne führte den Trauerzug an. Hinter dem geschmückten Sarg marschierten der Präsident, die Minister. Dann folgte die geschlagene Nationalmannschaft, schließlich die Familie und die Bevölkerung der Hauptstadt. Tausende schlossen sich dem Trauerzug an.

Beide Kugeln zusammen schufen im Sommer 1969 – begünstigt von der Berichterstattung in den Massenmedien – eine einzigartige Stimmung der Gewalt gegen den bislang befreundeten Nachbarn Honduras.

Die Stunde der Rache – im Fußball – schlug eine Woche später am 15. Juni 1969 beim Rückspiel in El Salvador. Diesmal umringten salvadorianische Fans zu Hunderten das Hotel der honduranischen Mannschaft. Die Scheiben barsten. Faule Eier, vergammeltes Fleisch, ja tote Ratten flogen in die Schlafräume der gegnerischen Fußballspieler, klatschten an die Wände, landeten auf Schränken, in ihren Betten. Auch Schüsse fielen in der Nacht. Ein Panzerwagen der ersten motori-

sierten Division der Armee El Salvadors fuhr die Gastmannschaft am nächsten Morgen im Schritttempo durch die rasende Menge zum Stadion Flor Blanca. Überall wurden die Bilder der »Märtyrerin« Amelia Bolaños hochgehalten, statt der honduranischen Fahne wurde ein dreckiger Putzlumpen gehisst. Honduras verlor 3:0. Die Mannschaft wurde mit Steinen beworfen, aber dennoch unbeschadet in dunkelgrünen Panzerwagen zum Flugplatz eskortiert. Nur gingen in den Unruhen nach dem Spiel 150 Autos honduranischer Schlachtenbummler in Flammen auf. Viele Fans landeten in Krankenhäusern, zwei Honduraner verloren ihr Leben. In patriotischer Hysterie schloss El Salvador die Grenze zu Honduras und brach die diplomatischen Kontakte zu Honduras ab. Honduras brach die diplomatischen Kontakte zu El Salvador ab.

Die Stunde der Militärs schlägt schließlich am 14. Juli 1969 um fünf Uhr am Nachmittag. Ein altersschwaches salvadorianisches Kampfflugzeug aus den amerikanischen Beständen des Zweiten Weltkriegs überfliegt die Grenze, klinkt über Tegucigalpa, der Hauptstadt von Honduras, eine Bombe aus. Die umliegenden Hügel sollen dröhnend das Echo zersplitternden Metalls zurückgeworfen haben, wie der einzige ausländische Korrespondent in der Stadt, der Pole Ryszard Kapuscinski danach schrieb. Menschen flüchteten in Hauseingänge, verlassene Autos blockierten die Fahrbahnen. Dann wurde es totenstill. Tegucigalpa

versank in Finsternis. Zeitgleich überschritten salvadorianische Bodentruppen die Grenze und eroberten die honduranischen Städte San Juan Guarita, Valladolid und La Virtud an der nördlichen Grenze, sowie Caridad und Aramecina im Osten. Die Zeitung »El Nacional« schrieb von der *unaufhaltsamen Armee El Salvadors, dem Israel Mittelamerikas.* Doch das Frohlocken in El Salvador war schnell vorbei. Nachdem eine einzelne honduranische Maschine in einer Art Gegenangriff die Raffinerie in San Salvador in die Luft gejagt hatte, war der Treibstoffnachschub zu Ende. Und als die Organisation Amerikanischer Staaten (OAS) Sanktionen verhängte, drohte El Salvador auch die Munition auszugehen. Nach vier Tagen und fünf Stunden schwiegen die Waffen am 18. Juli 1969, 22 Uhr. Im September zog sich die Armee hinter die alten Landesgrenzen zurück. 3.000 Tote blieben auf den Schlachtfeldern im bergigen Grenzgebiet.

3.000 Tote nach einem verlorenen Fußballspiel. War es wirklich so? Für die einfachen salvadorianischen Massen musste es so scheinen. Die PCN, die regierende Partei der Industriellen, Großgrundbesitzer, Medienmagnaten und rechten Militärs, schwamm nun zwölf Monate auf einer Welle des Nationalismus, gewann die Wahlen im nächsten Jahr mit großer Mehrheit. In Wirklichkeit steckte hinter dem Angriff auf das Nachbarland ein anderes Kalkül. Die traditionell herrschende salvadorianische Oberschicht wollte mit allen Mitteln verhindern,

dass in Honduras eine Landreform durchgeführt wurde, die auf Salvador übergegriffen hätte. Danach wären 300.000 salvadorianische Bauern, die illegal in Honduras siedelten, enteignet und zurück nach El Salvador geschickt worden. Sie hätten, verarmt und fanatisiert, ihrerseits lautstark eine Landreform in El Salvador und die Enteignung der salvadorianischen Hazienden gefordert. Der »Fußballkrieg« gegen Honduras sollte von diesem Thema ablenken, der Oberschicht im übervölkerten Salvador das Heft des Handelns zurückgeben, die armen Salvadorianer in Honduras belassen, die fällige Landreform in Salvador verhindern.

Tatsächlich führte der Krieg zu noch größerer sozialer Ungleichheit und Arbeitslosigkeit, denn er zerstörte das erste mittelamerikanische Freihandelsabkommen, das der Gegend jahrelang einen gewissen Aufschwung garantiert hatte. Gleichzeitig radikalisierte sich die reiche Oberschicht und verweigerte mit immer neuen »nationalen« Argumenten jegliche Reformen. Stattdessen begann sie bis in die Neunzigerjahre alle Wahlen zu fälschen, bildete Mitte der Siebziger Todesschwadronen aus, tötete Hunderte Gewerkschafter, oppositionelle Kirchenleute. Die soziale Bewegung spaltete sich viele Male, ging in den Untergrund. El Salvador versank für 20 Jahre im Bürgerkrieg. Keine Seite gewann. Noch heute ist El Salvador eines der Länder mit der höchsten Gewalt- und Mordrate in Amerika.

Im Juli 1969, kurz vor dem Angriff auf Honduras, setzte sich die salvadorianische Fußballnationalmannschaft in einem notwendig gewordenen Entscheidungsspiel um die WM-Qualifikation in Mexiko-Stadt gegen Honduras in der Verlängerung mit 3:2 durch. Bei der anschließenden WM 1970 in Mexiko verlor El Salvador alle drei Gruppenspiele und erzielte dabei kein einziges Tor.

# VERLÄNGERUNG

**94** **Minute: 23.06.1973, Düsseldorf, DFB-Pokal-Finale, Mönchengladbach – Köln:** Rainer Bonhof spielt den möglicherweise einzigen gelungenen Doppelpass seines Lebens mit Günter Netzer, der in der 94. Minute das entscheidende 2:1 für Gladbach erzielt. Nur drei Minuten zuvor hatte sich Netzer selbst eingewechselt und in der kurzen Pause vor der Verlängerung seinen Mitspieler Christian Kulik gefragt: *Christian, ich sehe es dir doch an, du kannst nicht mehr. Komm, setz dich auf die Bank, ich spiele für dich weiter.* Kuliks Antwort: *Okay!* Trainer Hennes Weisweiler schwieg. Nach dem Spiel wechselte Netzer als Volksheld zu Real Madrid, Bonhof blieb in Gladbach, wo er in Berti Vogts einen Freund fürs Leben gefunden

hatte. Vogts war damals schon ein gestandener Holzhacker in der Abwehr, Bonhof noch ein bisschen brauseköpfig, aber genauso besessen: ein Mann mit Pferdelunge und ziemlich gutem Heilfleisch, der trotz Verletzungen auf den Rasen lief und noch Eckbälle übte, wenn die anderen schon unter der Dusche standen. *Berti war mein Vorbild*, sagte Bonhof später über diese Zeit. *Es hat mir imponiert, wie er sich als kleiner Bursche mit mittelmäßigem Talent nach oben gekämpft hat.*

Bonni und Berti hatten viele Gemeinsamkeiten. Beide wurden am Niederrhein in kleinen Verhältnissen geboren. Beide verloren in jungen Jahren den Vater, beide lernten bodenständige Berufe, der eine Kfz-Mechaniker, der andere Werkzeugmacher. Selbst das Haar trugen sie gleich: Oben glatt, unten gelockt. Keine Experimente.

Schön spielten beide nicht. Vogts ergrätschte sich den Spitznamen »Terrier«, Bonhof trat schon mal so fest in den Rasen, dass sich sein angebrochenes Wadenbein von selbst wieder einrenkte. Wo andere den Fuß zurückzogen, ging diese schlagende Verbindung noch mit dem Kopf hin, und zur Belohnung wurden Berti und Bonni mit der Gladbacher Borussia vier Mal Deutscher Meister und mit der Nationalmannschaft 1974 Weltmeister. Vogts, der Ältere, entwickelte sich für Bonhof zum väterlichen Freund. Von Berti lernte Bonni, dass man keinen Ferrari und keine Disco brauchte zum Glück, sondern nur eine 93-m$^2$-Wohnung und ein paar Scheiben von Pink Floyd. *Einen besseren Kumpel gibt es*

*nicht*, hatte Berti schon früh erkannt. *Der Rainer ist mein Freund und wird es auch noch bleiben, wenn wir nicht mehr Fußball spielen.*

Tatsächlich zeigte sich nach der aktiven Laufbahn, was wahre Freundschaft wert ist. Immer, wenn es für den einen eng wurde, konnte er sich auf den anderen verlassen. So dämmerte Bonhof nach dem Karriereende erst in der Vertreterabteilung von Puma, dann als Co-Trainer von Bayer Uerdingen vor sich hin, bis Berti, aus dem mittlerweile der Bundesberti geworden war, ihn 1990 zu seinem Assistenten machte. Acht Jahre lang musste sich Bonhof von den Journalisten fragen lassen, was Berti denn in der Kabine gesagt habe – und acht Jahre lang hielt er dicht. Bonhof verhielt sich so loyal, dass er sich sämtliche Chancen auf die Nachfolge verdarb.

Nach Bertis Demission sahen sich beide bei der Borussia wieder. Berti als Aufsichtsratschef, Bonni als Trainer, der Gladbach runter in die zweite Liga führte und selbst dort die ersten drei Spiele vergeigte. Die Wege trennten sich, als Vogts die Nachfolge von Christoph Daum in Leverkusen antrat. Als für Vogts nach einem halben Jahr auch dieser Job erledigt war, half – klar – Bonhof weiter, der damals den kuwaitischen Meister trainierte und den Scheichs seinen Kumpel als neuen Nationaltrainer empfahl. Aber irgendwie brachten es die verwöhnten Wüstensöhne nicht und verloren sogar gegen Oman 1:3. Die einzigen, die schwitzten, waren Vogts und Bonhof.

Schließlich die bislang letzte Wende in der Karriere des Duos. Irgendein Fußballfunktionär in Schottland muss sich an einen bodenständigen Vogts erinnert haben und holte ihn als Nationaltrainer nach Schottland, wo Berti sofort mit fünf Niederlagen in Folge schottische Fußballgeschichte schrieb. Um für gute Stimmung zu sorgen, nannte er sich fortan Berti McVogts, legte einen Schal mit Karomuster um und ließ jeden wissen, dass die Schotten die wunderbarsten Menschen von allen seien. Tapfer waren sie jedenfalls, denn sie holten auch noch Rainer Bonhof als Trainer ihres Nachwuchses. Mittlerweile ist auch dieses Abenteuer beendet. Berti ist Trainer in Aserbaidschan, Bonni im Aufsichtsrat von Mönchengladbach. Vogts und Bonhof muss man nicht mögen, vor allem nicht wegen ihres fußballerischen Sachverstands. Aber für diese Freundschaft: Respekt!

**95** **Minute: 30.06.1996, London, EM-Finale, Deutschland – Tschechien:** Oliver Bierhoff schießt das erste und einzige Golden Goal der EM-Geschichte. Deutschland wird durch das 2:1 gegen Tschechien zum dritten Mal nach 1972 und 1980 Europameister. Besonders schön war es trotzdem nicht. Dennoch folgte auf das Golden Goal eine goldene Zukunft für Oliver Bierhoff, dessen Erfolg bei der Selbstvermarktung in krassem Gegensatz zu seinem fußballerischen Können stand und nur noch von Franz Beckenbauers Bilanz

getoppt wird. *Ich habe mich zunächst gewundert, dass im Fußball bisher noch wenig Vermarktung von Einzelsportlern stattgefunden hat. Und dann kam dieses Golden Goal, und in der Folge habe ich mit Freunden überlegt, dass man allein mit dem Wort einiges machen könnte*, sagte Bierhoff später. Bereits 1998 hatte er dann acht Werbeengagements, u. a. für die Deutsche Bank, L'Oréal, Danone, Nike, Sammelkarten sowie ein Videospiel.

**102** **Minute: 08.07.1982, Sevilla, WM-Halbfinale, Deutschland – Frankreich:** 1:1 nach 90 Minuten, gegen das legendäre französische Mittelfeld-Trio Platini-Giresse-Tigana. In der Verlängerung biegen Rummenigge und Fischer eine 3:1-Führung der Franzosen noch um, Fischer dabei mit dem wohl wichtigsten Fallrückzieher seiner Karriere. Karl-Heinz Rummenigge trifft noch mal beim Elferschießen, Toni Schumacher hält gegen Didier Six und Maxime Bossis, Horst Hrubesch verwandelt. Das Popduo Alan & Denise komponiert daraufhin den Song »Rummenigge, what a man«:
*Over in West Germany / There's a football player*
*With sexy knees / With sexy knees? / With sexy knees!*
*Talking 'bout a man with sexy knees – Karl-Heinz*
*Rummenigge / What a man / Rummenigge / Rummenigge / I'm a fan*
*Karl-Heinz Rummenigge / He's so strong /*

*Rummenigge Rummenigge / All night long / Rummenigge*
*Rummenigge / All night long*

*He's so tall / He's so blond / Two long legs*
*But all beyond / Karl-Heinz Rummenigge*
*First he traps the ball / And then?*
*Karl-Heinz Rummenigge / Puts it in Puts it in Puts it in*

*Karl-Heinz Rummenigge puts it in / What a player*
*What a sport / He's the cutest thing in shorts*
*What's the secret what's the trick? / He's got such a*
*Lovely kick! / Oh what a lovely lovely kick*
*Oh what a lovely lovely kick*

**103** **Minute: 30.07.1966, London, WM-Finale, England – Deutschland:** Geoff Hurst schießt das Wembley-Tor zum 3:2 (kurz vor Schluss der Verlängerung legt er noch das 4:2 nach). Der Ball knallt an die Unterlatte, auf den Boden und zurück ins Feld. Schiedsrichter Gottfried Dienst will eigentlich weiterspielen lassen, doch die Engländer protestieren dermaßen, dass er Linienrichter Tofik Bachramow nach dessen Sicht befragt. Nach Rücksprache mit Bachramow (Sowjetunion) entschei-

det Dienst (Schweiz) auf Tor (englisch: goal). Der deutsche Fernseh-Kommentator Rudi Michel sagt spontan: *Nicht im Tor, kein Tor*, Bundespräsident Lübke bescheidet staatsmännisch *Der Ball war drin.* Ja, was denn nun? Gerhard Henschels und Günther Willens Dramolett »Kleines Missverständnis« bot Jahrzehnte später eine überraschende Auflösung:

**Dienst:** *Was fuchteln Sie denn hier so aufgeregt mit der Fahne rum, Mann? Ist ja furchtbar!*

**Bachramow** (zeigt mit der Fahne zur Ehrentribüne): *Da vorne ist de Gaulle, de Gaulle!*

**Dienst:** *Was?*

**Bachramow:** *De Gaulle, de Gaulle, de Gaulle!!*

**Dienst:** *Goal? Na von mir aus.* (Er entscheidet auf Goal.)

Heute wissen wir nur eins: Kein Tor der Geschichte löste so viele Diskussionen aus, mit der Literatur über das »Wembley-Tor« lassen sich halbe Fußballstadien füllen, Soziologen, Literaten, Philosophen meldeten sich zu Wort und bewiesen, dass der Fußballsport auf große Geister durchaus attraktiv wirken kann. Sieben Jahre nach dem »Wembley-Tor« lieferte die britische Komikergruppe Monty Python das eindrücklichste Dokument dieser Liaison. In einer Folge der Serie »Monty Python's Flying Circus« traten die Teams von Deutschland und Griechenland im Münchner Olympiastadion gegeneinander an. Die Aufstellungen:

1 Leibniz, 2 Kant, 3 Hegel (Kapitän), 4 Schopenhauer, 5 Schelling, 6 Beckenbauer, 7 Jaspers, 8 Schlegel, 9 Wittgenstein, 10 Nietzsche, 11 Heidegger

1 Platon, 2 Epiktet, 3 Aristoteles, 4 Sophokles, 5 Empedokles, 6 Plotin, 7 Epikur, 8 Heraklit (Kapitän), 9 Demokrit, 10 Sokrates, 11 Archimedes

Schiedsrichter: Konfuzius; Linienrichter: Augustinus, Thomas von Aquin

Griechenland siegte übrigens durch einen Treffer von Sokrates mit 1:0. Hier die entscheidende Szene im Original-Kommentar: *Archimedes out to Socrates, Socrates back to Archimedes, Archimedes out to Heraclitus, he beats Hegel (who, like all the Germans, is still thinking). Heraclitus a little flick, here he comes on the far post, Socrates is there, Socrates heads it in! Socrates has scored! The Greeks are going mad, the Greeks are going mad! Socrates scores, got a beautiful cross from Archimedes! The Germans are disputing it.*

**106 Minute: 23.06.1990, WM-Achtelfinale, Kamerun – Kolumbien:** Roger Milla, 38, erzielt das erste seiner zwei Tore gegen die Kolumbianer. Kamerun zieht damit als erstes afrikanisches Land in ein WM-Viertelfinale ein. Nebenbei erfindet Superjoker Milla den Makossa-Tanz um die Eckfahne. Dabei hatte der Stürmer seine internationale Karriere schon beendet und wurde für die WM aus dem Ruhestand geholt. Weil er konditionell nicht mehr so lange durchhielt, war er für die Rolle des Jokers prädestiniert. Und tatsächlich schießt Milla bei fünf Einwechslungen vier Tore. 1994 setzte Kameruns Staatspräsident noch mal die WM-Teilnahme des Volkshelden durch, 42-jährig war Milla ältester WM-Spieler. In der Bundesliga wäre er es nicht: Klaus »Tanne« Fichtel war 43 Jahre und 184 Tage alt, als er 1988 das letzte seiner 552 Bundesligaspiele bestritt.

**110 Minute: 09.07.2006, Berlin, WM-Finale, Italien – Frankreich:** Marco Materazzi hat dieser Moment Rüpel-Ruhm für die Fußballewigkeit beschert. Wer wüsste jenseits von Lecce oder Mailand sonst schon noch, wer das war, dieser – wie hieß er gleich? Aber Zinedine Zidane: der weltbeste Fußballer seiner Zeit! Dass dieser Augenblick seines Kontrollverlustes nun der eine ist, den jeder sofort reflexartig mit Zidane in Verbindung bringt, ist lächerlich. Bloß wegen des offenbar unüberwindbaren männlichen Reiz-Reaktionsmusters sind

es nicht Pässe, nicht Tore, nicht die Eleganz seiner Bewegungen, die die kollektive Erinnerung an Zidane beherrschen. Es ist dieser Moment, in dem er wie ein wilder Stier seinen Kopf in den Leib eines anderen Mannes rammte. Was war passiert? Zidane hatte Materazzi zu verstehen gegeben, wer von ihnen beiden ein Superstar und wer ein Irgendwer ist. Materazzi hatte mit sexistischen Anspielungen auf weibliche Familienangehörige Zidanes gekontert. Schmutzig. Und effektiv. Zidane sah Rot. Selten hatte viriles Imponiergehabe in seiner ganzen prächtigen Tumbheit eine ähnliche Bühne. Im Nachgang erzählte Materazzi der »Gazzetta dello Sport«, dass er Zidane nur kurz am Trikot festgehalten habe, woraufhin ihm dieser herablassend gemustert und gesagt habe, wenn er wolle, könne er das Trikot nach dem Spiel haben. Er, Materazzi, habe daraufhin erwidert, Zidanes Schwester sei ihm lieber. Alles ganz harmlos also. Oder doch nicht: Im italienischen Fernsehen gab Materazzi später eine verschärfte Version zum Besten: So habe er auf Zidanes Angebot wörtlich erwidert: *Preferisco la puttana di tua sorella.* Zu deutsch etwa: *Ich bevorzuge deine Schwester, die Nutte.*

**119** **Minute: 04.07.2006, WM-Halbfinale, Deutschland – Italien:** Eine deutsche Nationalmannschaft, die guten Fußball spielte, das war 2006 noch richtig aufregend. Gerade hatten die ehemaligen Rumpelfüßler im Viertelfinale sogar endlich einen Großen

des Weltfußballs besiegt. Zwar weniger aus eigener Stärke, sondern eher, weil sich Argentiniens Trainer José Pékerman vercoacht hatte, aber geschenkt. Nun fehlte nur noch ein Sieg, um ins Finale einzuziehen. Deutschland, eine einzige Überraschungswundertüte. Überraschend war ja schon, dass dieses Turnier mit dem Slogan »Zu Gast bei Freunden« tatsächlich das Image von Land und Leuten in der Welt zu verbessern schien. Die freudlosen teutonischen Spießer entpuppten sich als nette Gastgeber, die Sonne lachte dazu.

Landauf, landab waren die Menschen inzwischen, weil sie sich selbst auch so nett fanden und ihre Auswahlelf zudem so hübsch kickte, offen patriotisch. Selbst jene Menschen, die bislang beim Einspielen der Hymne zu Übersprunghandlungen wie Bierholen oder Witzemachen über Spielergesichter geneigt hatten. Es gab Fähnchen für alle. Und dann zog Fabio Grosso ab. In der 119. Minute. Sekunden bevor es die deutsche Auswahl wieder mit ihrer Lieblingsdisziplin Elfmeterschießen hätte versuchen können. Ein schöner Schuss in den langen Winkel. Schluss, aus, vorbei. Kein totaler Triumph im eigenen Land. Fabio Grosso hatte alles richtig gemacht.

**120** **Minute: 02.05.1984, DFB-Pokal-Halbfinale, Schalke – Bayern**: Olaf Thon, gerade 18 geworden und ein echter Schalker Jung, trifft in letzter Sekunde zum dritten Mal in

diesem Spiel – Endstand nach Verlängerung: 6:6. Kein Elferschießen. Einzigartig. Der Reporter Eberhard Figgemeier lobt noch 20 Jahre nach dem Match: *Ein unfassliches Spiel. Schöner kann man sich Fußball nicht vorstellen.* Das Wiederholungsspiel gewinnen die Bayern dann 3:2. Im Fernsehinterview nach der Begegnung gesteht Olaf Thon, dass er eigentlich Bayern-Fan ist und in deren rot-weißer Bettwäsche schläft. Sieben Monate später gibt Thon, als zweitjüngster Spieler aller Zeiten nach Uwe Seeler, sein Debüt in der Nationalelf. Vier Jahre später wechselt er zu den Bayern, was ihm die Schalker Fans jedoch verzeihen, weil er 1994 zurückkehrt und bis 2002 in Blau-Weiß 295 Profispiele macht. Danach saß er noch bei Schalke 04 im Aufsichtsrat. Mehr Schalker Jung geht eigentlich nicht.

**189** **Minute: 18.06.1922, Berlin, Finale um die Deutsche Meisterschaft, Nürnberg – HSV:** Es ist fast 22:30 Uhr, als Schiedsrichter Peco Bauwens zum letzten Mal in die Pfeife bläst – im weiten Rund ist kaum noch was zu sehen, Flutlicht unbekannt, außerdem hatte bei Anpfiff um fünf Uhr nachmittags wohl kaum ein HSV-Fan damit gerechnet, den letzten Nachtzug zurück nach Hamburg zu verpassen. Immer wieder hatte der Unparteiische auf Verlängerung der Verlängerung erkannt, insgesamt sieben Mal. Es blieb beim 1:1. Schließlich war die Dunkelheit stärker. Sieben Wochen

später, am 6. August, treffen sich die beiden Teams erneut in Leipzig. Schiedsrichter ist erneut Bauwens (der später DFB-Präsident wird). Und erneut gibt es keinen Sieger, zumindest nicht im üblichen Sinne. Nach 112 Minuten bricht Bauwens die Partie beim Stand von 1:1 einfach ab – Nürnberg hatte nur noch sieben Spieler auf dem Platz (das Auswechseln von Spielern war noch nicht erlaubt). Später notiert er in seinem Spielbericht:

*Als der hohe Stoß erfolgt war, sah ich noch, wie Boes, obgleich der Ball weg war, sein Bein gegen einen am Boden liegenden Hamburger hob. Daraufhin verwies ich Boes des Spielfeldes. (…) Träg stieß nun, ohne den Ball zu haben, Beier mit aller Kraft in den oberen Rücken, nahe dem Rücken, sodass Beier nach vorn überkugelte. Im gleichen Augenblick pfiff ich ab und verwies Träg des Platzes. (…) Mit dem Schlusspfiff der ersten Verlängerung brach Popp zusammen. (…) So brach ich vor der zweiten Verlängerung ab.*

Allerdings stand von Abbruch bei Spielermangel nichts im DFB-Statut. Auf der deutschen Meisterschale sind als Meister für die Saison 1921/22 sowohl der 1. FC Nürnberg als auch der HSV eingraviert.

# ELFMETERSCHIESSEN

**08.07.1982, Sevilla, WM-Halbfinale, Deutschland – Frankreich:** Im ersten Elfmeterschießen der WM-Geschichte verwandelt Manni Kaltz den ersten, Pierre Littbarski den wichtigsten, Hotte Hrubesch den entscheidenden Elfer zum 8:7-Sieg. Der ehemalige Torwart Manfred Hofmann erklärt, dass es eigentlich ganz einfach ist:

*Es gibt gute und schlechte Elferschützen, und ein guter hat den folgenden Trick drauf: Angenommen, er will ins linke Eck schießen, dann täuscht er natürlich an, sodass der Torwart denkt, er schießt ins rechte. Nun denkt er sich aber, dass der Torwart denkt, er würde antäuschen – also täuscht er an und schießt trotzdem ins rechte Eck. Ein wirklich guter Elferschütze denkt nun aber weiter: Wenn der Torwart denkt, dass der Schütze denkt, dass der Torwart denkt, er täuscht an und schießt ins rechte Eck, dann wird er natürlich ins linke schießen. Gut, aber was, wenn der Schütze denkt, dass der Torwart denkt, dass der Schütze denke, dass der Torwart denkt, dass der Schütze antäuscht – dann wird er selbstverständlich ins rechte Eck schießen! Also wird der gute Schütze weiterdenken … Oft klappt es allerdings auch, wenn man den Ball einfach reinhaut.*

**31.05.1984, Berlin, DFB-Pokal-Finale, Bayern – Mönchengladbach**: Beim Stand von 7:7 vergibt Lothar Matthäus einen Elfer und tritt nach dem Spiel eine Protestlawine Mönchengladbacher Fans los – kurz zuvor hatte er seinen Wechsel zum FC Bayern bekannt gegeben. Gladbach verliert das Finale, knapp die Meisterschaft und bis auf Weiteres den Anschluss an den FC Bayern. Danach sagt Matthäus: *Wir dürfen jetzt nur nicht den Sand in den Kopf stecken*, ein Höhepunkt der Fußballerweisheiten. Eine kleine Auswahl weiterer Geistesblitze:
*Ich hatte vom Feeling her ein gutes Gefühl.* (Andy Möller)
*Ich bin körperlich und physisch topfit.* (Thomas Häßler)
*Wir werden alle Gewissheiten bis zuletzt ausschöpfen.* (Berti Vogts)
*Das war ein Schritt zurück, aber kein Rückschlag.* (Rudi Assauer)
*Vor der Saison hat man mir mitgeteilt, dass wir vorne gut bestückt sind.* (Jupp Heynckes)
*Man hetzt die Leute auf mit Tatsachen, die nicht der Wahrheit entsprechen.* (Toni Polster)
*Haste Scheiße am Fuß, haste Scheiße am Fuß.* (Andi Brehme)
*Entweder ich gehe links, oder ich gehe rechts vorbei.* (Ludwig Kögl)
*Das wird alles von den Medien hochsterilisiert.* (Bruno Labbadia)
*Wir sollten nicht alles ins Korn schmeißen.* (Franz Beckenbauer)
*Da kam dann das Elfmeterschießen. Wir hatten alle die Hosen voll, aber bei mir liefs ganz flüssig.* (Paul Breitner)

*Ich glaube nicht, dass irgendjemand kleiner oder größer ist als Maradona.* (Kevin Keegan)
*Wenn ich breit bin, werde ich immer spitz.* (Wolfram Wuttke)

**17.07.1994, Los Angeles, WM-Finale, Brasilien – Italien:** Die Italiener spielen unsympathisch wie nie, purester »Catenaccio« frühtrapattonischer Prägung (→ 41.), wie es Nationaltrainer Arrigo Sacchi in seiner Zeit als Erfolgscoach des AC Milan eigentlich immer verabscheut hat. Die Italiener foulen, treten und zerstören jeden Spielfluss, Ziel ist scheinbar von Anfang an ein Elfmeterschießen. Das kriegen sie dann auch, allerdings verläuft es anders als erwünscht: Für Brasilien verschießt nur Marcio Santos, für Italien aber Kapitän Franco Baresi und Daniele Massaro. Schließlich tritt Roberto Baggio an und muss treffen – Baggio, der Mann, der Italien mit zwei Toren gegen Bulgarien ins Finale geschossen hat. Baggio läuft an und tritt den Ball hoch hinaus über das Tor, in den blauen kalifornischen Himmel. Und es gibt sie doch: Die Gerechtigkeit des Elfmeterschießens (→ 8.).

# NACH DEM SPIEL

**06.09.2003, Reykjavik:** Die EM-Qualifikation war nicht gerade ein Spaziergang für das deutsche Team, aber auf Island sollte es doch wohl klappen mit dem lockeren Trainingsspiel, oder? Oh nein, Deutschland würgte sich zum 0:0. Das Beste an diesem Tag ist der folgende Dialog zwischen Waldemar Hartmann (ARD) und Teamchef Rudi Völler, als »Weißbierrede« umgehend berühmt geworden. Moderator Gerhard Delling hatte zuvor von einem *Horrorkick* gesprochen und gesagt: *Das war wieder mal ein Tiefpunkt … Die Samstagabendunterhaltung steckt in der Krise.* Darauf folgte das hier:

**Völler:** *Das was der Delling da gesagt hat, das ist schon 'ne Sauerei! Samstagabendunterhaltung? Da soll der Delling doch zu ›Wetten dass‹ gehen und den Gottschalk ablösen! … Wenn ich das schon höre! Tiefpunkt, niedrigster Tiefpunkt und noch'n niedrigerer Tiefpunkt. Das ist eine Sauerei!*

**Hartmann:** *Was er sagen wollte…*

**Völler:** *So ein Käse, ich lass mir das nicht mehr bieten! Solche Sachen wie die vom Delling.*

**Hartmann:** *Nun, Rudi, ich bin doch nicht der Rechtsbeistand vom Kollegen Delling, ich bin Journalist. Ich stand mit dem Sepp Maier hinter'm Tor, und wir waren uns einig, dass das ein statisches Spiel war.*
**Völler:** *Käse. So einen Käse will ich nicht mehr hören, da wechsle ich doch den Beruf … ich bin keiner, der hier an seinem Sessel festklebt wie der Ribbeck oder Vogts früher …Was hat denn der Günter (Netzer) früher für einen Scheiß gespielt? Standfußball war das doch früher. Alles in den Dreck zu ziehen ist für mich unterste Schublade.*
**Hartmann:** *Ich verstehe die Schärfe nicht.*
**Völler:** *Ja, du bist ja auch nicht gemeint. Du sitzt hier locker und in aller Ruhe und hast schon drei Weizenbier getrunken.*
**Hartmann:** *In Island gibt es gar kein Weizenbier, ich weiß nicht, ob wir jetzt in diesem Stil weitermachen sollen. Wir können aber nachher auch gerne zur Dopingprobe gehen.*

**11.03.2014, Champions-League-Achtelfinale, Bayern – Arsenal:** Uli Hoeneß verlässt die Allianz-Arena, während seine Richter daheim Akten wälzen, um zu errechnen, wie viel Steuern er hinterzogen hat. Zwei Tage später verurteilen sie ihn zu dreieinhalb Jahren Haft, die Hoeneß auch antreten will. Im Gefängnis in Landsberg am Lech – wo schon Adolf Hitler saß. Dabei hatte Hoeneß mit seiner Selbstanzeige einen Befreiungsschlag versucht. Der Prozess entglitt ihm jedoch völ-

lig, als der Berg unterschlagener Steuern immer größer wurde: von 3,5 auf 18,5, von 27,2 auf zuletzt 28,5 Millionen Euro. Dabei hatte sich der Schwabe immer wieder als moralische Instanz geriert, nicht nur in der Daum-Affäre. *Es kann doch nicht der Sinn der Sache sein*, so sprach er, *ins Gefängnis zu wandern, nur um ein paar Mark Steuern zu sparen*. Eben.

**08.07.1990, Rom, WM-Finale, Argentinien – Deutschland:** In der Stunde seine größten Triumphs als Trainer spaziert Franz Beckenbauer ganz bei sich über den Rasen des römischen Olympiastadions. Seelenruhig, den Moment voll auskostend. Die Entscheidung fiel spät, in der 85. Minute, als Andreas Brehme einen an Rudi Völler verschuldeten Elfmeter verwandelte. Es war ohnehin ein Spiel der Verteidiger: So schaffte es Guido Buchwald das ganze Spiel über, Diego Maradona zu neutralisieren. Es war übrigens das erste Mal, dass es so eine Art Revanche gab, und sich die beiden Finalisten der vorherigen WM gegenüberstanden. Es blieb bis heute der letzte Weltmeistertitel für Deutschland, obwohl Franz Beckenbauer in der Pressekonferenz nach dem Spiel noch viele weitere ankündigte. Dort nämlich ließ er sich euphorisiert zu dem Bekenntnis hinreißen, dass die Deutschen auf Jahre unschlagbar sein werden. Es tue ihm leid für den Rest der Welt. Im Nachhinein muss man sagen: Leider Quatsch.

**13.01.2014: Zürich, Verleihung des FIFA-Ballon d'Or:** Cristiano Ronaldo wird zum Weltfußballer des Jahres 2013 gekürt, nachdem sein großer Rivale Lionel Messi die Auszeichnung zuvor vier Jahre in Folge gewonnen hat. Ronaldo vergießt Tränen – vielleicht auch, weil er weiß, dass man die Trophäe auch genauso gut wieder Messi hätte geben können. So kann es denn auch für den kleinen Argentinier keine einzelne Minute geben, weil er einfach zu viele Tore schießt, darunter etliche einzigartige: Die Kopie des Traumtores von Diego Maradona bei der WM 1986 gegen England, für das er über den halben Platz spazierte und die Spieler von Getafe wie Slalomstangen aussehen ließ. Eines seiner etlichen Traumtore in den linken Winkel – entstanden nach Hochgeschwindigkeitsdribblings an der Strafraumgrenze. Ein Freistoß, bei dem der Ball eine unglaubliche Flugbahn nimmt. Selbst Elfmeter sind bei Messi oft eine Augenweide. Beim ersten Clásico gegen Real Madrid nach der Verleihung des Ballon d'Or an Ronaldo verwandelte er davon gleich zwei, Endstand 4:3 für Barcelona. Ronaldo, zweifellos einer der besten Spieler der Zeit, muss da wieder einmal schmerzlich bewusst geworden sein, dass er einfach zur falschen Zeit geboren wurde. In der Ära Lionel Messis.

# NAMENSREGISTER

## A



## B

# A–C



## C

# D



# E

# F



# G

# H



# I



# J

# K



# L

# M

# N



# O



# P

# P–S

# Y



# Z

# DANK

Oliver Büsges, Erwin Hickmann, Uma Hickmann, Raúl Kokott, Philipp Köster, Laura Leo, Tanja Madsen, Peter Riesbeck, Natascha Roshani, Thies Uthmöller, Katrin Weber-Klüver, Sador Weinsčlucker, Björn Wolf

# FOTONACHWEISE

Bis auf wenige Ausnahmen sind die Fotos von den Bildagenturen dpa Picture Alliance GmbH, pixathlon und Sven Simon Fotoagentur GmbH & Co. Wir danken für die Unterstützung. Trotz intensiver Bemühungen konnten in einzelnen Fällen die Rechteinhaber nicht ermittelt werden. Sie werden gebeten, sich mit dem Kein & Aber-Verlag in Verbindung zu setzen.

# AUTORENREGISTER

Alle Texte: DUMMY-Redaktion;
bis auf folgende Minuten:

**11** Klaus Hoeltzenbein
**15** Stefan Behr
**17** Ingo Malcher
**18** Fons Hickmann
**20** Christoph Biermann
**22** Bernd Müllender
**25** Fons Hickmann
**26** Javier Cáceres
**27** Hajo Schumacher
**31** Fons Hickmann
**32** Andreas Beune
**35** Peter Unfried
**41** Annett Gröschner
**42** Fritz Wirth

# HERAUSGEBER

## MARKUS BÜSGES

Seine erste Fußballverletzung zog sich Markus Büsges mit zwei Jahren zu: Er stolperte über einen Ball und knallte mit der Stirn auf eine Marmorplatte: Krankenhaus – vier Stiche – drei Wochen pausieren. Doch der Fußballbegeisterung tat dieses Erlebnis keinen Abbruch. Sein Aufstieg führte ihn bis zum Mannschaftskapitän der legendären *'84er-Elf der B-Jugend des TSV Norf*. Nach der Pubertät folgte ein Studium der Visuellen Kommunikation in Hannover und Düsseldorf. Danach mehrere Transfers zu verschiedenen Werbe- und Designagenturen, bis er 2008 in Berlin seine eigene Mannschaft aufstellte: www.leomaria.de

## OLIVER GEHRS

Oliver Gehrs ist Herausgeber und Mitbegründer des *DUMMY Magazins*. Vorher war er Redakteur bei »Spiegel«, »Süddeutsche Zeitung« und »taz«. Seit seiner Kindheit ist er zudem Fan des *1. FC Kaiserslautern*, was bis in die Neunzigerjahre als gute Wahl erschien. Selbst im

Verein spielen durfte er nicht, weil Fußball in den Augen seiner Eltern ein Proletensport war. Als der sechsjährige Gehrs dann doch ein Probetraining beim *B.V. Bad Lippspringe* erzwang, flog ihm schon nach wenigen Minuten ein Ball voll ins Gesicht – sodass er danach freiwillig in den Schwimmverein ging. www.dummy-magazin.de

# FONS HICKMANN

Fons Hickmann ist Designer, Autor, Uniprofessor und Mitbegründer der Agentur *Fons Hickmann m23*. Aufgewachsen auf den Fußballplätzen zwischen Dortmund und Schalke, studierte Hickmann Fotografie, Kommunikationsdesign und Philosophie in Düsseldorf. Anlässlich der Fußball-WM 2006 initiierte er die Aktion *11 Designer für Deutschland*, die mit breitem Medienecho Design untrennbar mit Fußball verband. Ein Vereinstransfer brachte ihn für sieben Jahre nach Wien, wo er das *Turnier für angewandten Fußball* ausrichtete. Aktuell ist Hickmann Professor für Grafikdesign an der Universität der Künste Berlin. www.m23.de

# IMPRESSUM

**1. Auflage, 2014**

**Herausgeber:**
Markus Büsges, Oliver Gehrs, Fons Hickmann

**Gestaltung und Satz:**
Markus Büsges, Fons Hickmann, Sven Lindhorst-Emme
**Covergestaltung:**
Fons Hickmann, Sven Lindhorst-Emme
**Bildbearbeitung:**
Michael Kübler, Prinzmedien
**Druck und Bindung:**
Kösel GmbH, Altusried-Krugzell

Dieses Buch ist eine überarbeitete und aktualisierte Ausgabe des DUMMY Magazins #10 (2006).



ISBN 978-3-0369-5700-5
www.keinundaber.ch